JN094229

ステレオ写真で眺める明治日本

Meiji-era Japan through the stereoscope

―― まちとむらの暮らし，富士山への憧れ ――

井上 卓哉 著

古今書院

目　次

ハーバート・G・ポンティングとステレオ写真

幕末から明治時代にかけての時期には、外交官・宣教師・技術者・旅行家・ジャーナリストといった、それまでの日本人がほとんど接することがなかった欧米の外国人が数多く来日している。彼ら（彼女ら）と交流することでもたらされた様々な知識が、日本の近代化に大きな役割を果たしたことはいうまでもない。いっぽうで、そうした外国人の中には、自らの滞在中に見聞したことを日記や絵画、そして19世紀初頭に発明されたカメラを用いて写真にとどめ、それらを用いて、母国において旅行記や論文などの形で発表する者もいた。こうした媒体をとおして、「知られざる国」であった日本の実像が世界に伝えられていくことになる。

そのひとつに、1910年にロンドンのマクミラン社から出版された『*In Lotus-Land Japan*』という書籍がある。Lotusとは仏教において「聖なるもの」の象徴とされる蓮を意味し、この作品の題名を日本語に訳すと『聖なる国、日本』ともいえようか[(1)]。

写真1　ポンティングとシネマトグラフ（南極）
（画像提供：Alexander Turnbull Library, Wellington, New Zealand 資料番号：PA1-f-067-067-2）

この書籍の著書は、イギリスの写真家、ハーバート・ポンティング（Herbert George Ponting：1870-1935）（写真1）。彼は、1910年から1912年にかけて、ロバート・スコットを隊長とする第二次南極探検に同行したカメラマンとして知られ、探検隊の拠点であった南極のエバンス岬に暗室を作り、1000枚以上の記録写真を制作したほか、特別に改造されたカメラによる映像の撮影も試みている[(2)]。ポンティングがイギリスの国家的なプロジェクトである南極探検のカメラマンに選ばれた要因の一つには、前述の『*In Lotus-Land Japan*』が好評を博し、その写真技術とトラベルライターとしての才能が評価されたことが挙げられよう。

ポンティングは、『*In Lotus-Land Japan*』を著すにあたり、

1901年に日本に初来日し、以降1903年～1906年にかけて毎年日本を訪れ、各地を旅して写真を撮影している。彼に最初に日本における撮影を依頼したのは、アメリカでユニバーサルフォトアート社（Universal Photo Art Co.）を営んでいたカールトン・グレイブス（Carlton Harlow Graves）とされている(3)。グレイブスは当時欧米で大流行していたステレオ写真の題材として日本を選び、専属カメラマンとしてポンティングを日本へ派遣したのである。

ステレオ写真とは、人間の右目と左目で見える像がわずかに異なっていることを利用して立体視を可能にしたものである。わずかに角度をずらして撮影した2枚の写真を並べ、それぞれを左右の目で別々に見ることによって、1枚の画像だけでは得られない奥行きの情報を知覚することができる。この技術は、1830年代から研究が進み、1851年に開催されたロンドン万国博覧会で展示されたステレオ写真にビクトリア女王が賛辞を送ったことで、人気が高まったとされる(4)。

当時の欧米では、ステレオスコープという専用のビューワーとともに、世界各地の風景や風俗をとらえたステレオ写真を貼り付け、裏面に解説を記したカードをセットにしたものが専門の業者から数多く販売され、自宅に居ながらにして世界旅行を楽しむことが娯楽の一つとなっていた。

ユニバーサルフォトアート社の仕事の後、ポンティングはバート・アンダーウッド（Bert Underwood）とエルマー・アンダーウッド（Elmer Underwood）兄弟が経営するアンダーウッドアンドアンダーウッド出版社（Underwood & Underwood Publishers）に雇われ、1903年の春から秋にかけて撮影の旅をおこなっている(5)。翌年には、同社から『*Japan through the stereoscope*』（写真2）という、ステレオ写真を100枚セットにした商品が販売されているが、

写真2 『*Japan through the stereoscope*』と付属のステレオスコープ
100枚のステレオ写真がブック型ケースに収められている。

この 100 枚のうち 90 枚以上の写真について、この撮影の旅でポンティングが撮影したものであることが明らかになっている[6]。

幕末・明治において日本で撮影された写真の研究家であるテリー・ベネット（Terry Bennett）によると、『*Japan through the stereoscope*』は、「現在市場に流通するステレオ写真の中において、当時のリアルな日本を捉えた、最もよく知られたセットである」と評価され[7]、多くの外国人にとって、このセットが当時の日本の実像を知るための重要な資料の一つであったことが窺える。

ステレオ写真の体裁

この『*Japan through the stereoscope*』のステレオ写真には、様々な情報が盛り込まれている。写真 3 に示したように、写真表面左側の余白には、版元であるアンダーウッドアンドアンダーウッド出版社の名称と拠点（ニューヨーク、ロンドン、トロント、オタワ）の記載、右側の余白には、作業場とスタジオが設置されていたと思われるアーリントン（ニュージャージー州）・リトルトン（ニューハンプシャー州）・ワシントン DC の地名が記載されている（セットのバージョンによって記載される地名が異なる）。右下の余白には、セット内の通し番号とタイトル、そして版権者

写真 3 『*Japan through the stereoscope*』に収められたステレオ写真の表面
厚紙の台紙（横 178 ミリ×縦 90 ミリ）に人の手による彩色がほどこされた写真が貼り付けられている。

Tokyo and Yokohama are ninety miles away behind you and off at your right; the road that stretches out before you leads to Kyoto, the older capital, two hundred and forty miles away at the southwest. There used to be fifty-three regular post-stations along the old road, and each little village, like this one ahead, cultivated some one exclusive trade — basket-weaving or cord-making or wood-carving or some other special, characteristic handicraft. A railroad built some twenty years ago now connects the two great cities, reducing to a journey of about fourteen hours what used to take nearly fourteen days. This beautiful old post-road is now comparatively little travelled save on local errands from one village to another; but, in the palmy days of Japan's feudal splendor, some of the most picturesque processions and cavalcades in the world used to pass by in the shadow of these pines. Merchants with their servants and pack-horses carrying bales of goods, went back and forth over this road. Lordly *daimyos* splendidly arrayed in embroidered silks and attended by retainers with glittering swords, came down this very road in awesome state, on their way to pay their dignified respects to the Shōgun at Tokyo. Humbler foot-passengers, too, came and went — bare-legged fellows with straw sandals like what these fellows wear to protect their feet on the long three-hundred-mile journey. (Coats and tight breeches like these worn by our coolies now are a modern invention, copied from European customs.) There were cottages here then, much the same as those you see now, with heavy thatches of rice-straw and clean bare rooms within.

This village of Suzukawa has many visitors even in these later days (it is on the railway line, besides), for hereabouts one gets some of the finest views of Fujiyama, the Peerless Mountain.

From Notes of Travel, No. 8, copyright, 1904, by Underwood & Underwood.

Wayfarers Resting under Pines on Old Road from Tokyo to Kyoto, Japan.
Chemineaux Reposant sous les Pins dans l'Ancien Chemin de Tokio à Kioto, Japon.
Unter Pinien rastende Reisende auf der alten Straße von Tokio nach Kioto, Japan.
Caminantes Descansando debajo de Pinos en el Viejo Camino de Tokio á Kioto, Japón.
Vandrare hvilande sig under granarne på gamla landsvägen mellan Tokyo och Kyoto, Japan.
Отдыхъ путешественниковъ на дорогѣ изъ Токіо въ Кіото, Японія.

写真4 『*Japan through the stereoscope*』のステレオ写真の裏面の解説

名とその取得年が記載されている。

さらに、写真4のように、写真裏面には、写真に対する300から350単語におよぶ解説と、英語・フランス語・ドイツ語・スペイン語・スウェーデン語・ロシア語のそれぞれのタイトルが記載されている。このことから、当時のステレオ写真は、世界各地に流通していたことが知られよう。

加えて、解説には、当時の日本の状況をより深く知るための参考文献が記載される場合もある。なお、詳細は不明であるが、このセットとともに『*Notes of Travel*』と題された解説冊子のようなものがアンダーウッドアンドアンダーウッド出版社から発行されていたようで、カード裏面の解説は、そこからの引用である旨が記されている。

その解説が誰によって記されたのかは明らかとなっていない。しかしながら、たとえばNo.16の「機織(はたお)り」（本書28頁）の写真に対する解説において、現地で実際に見聞しなければわからないような詳細な作業工程が記されているほか、No.10の「日本を代表する七宝(しっぽう)師、並河靖之(なみかわやすゆき)の工房で働く職人たち」（22頁）やNo.49の「昼下がり、夢の中にいる女性」（61頁）といった、写真内に写る人物の名前が記載されているものなどがある。これらの情報は、現地にいなければ知り得ない情報である。それゆえに、解説の執筆者と写真の撮影者が同一人物、つまり解説のほとんどをポンティングが記したと考えることは自然なことであろう。

本書には、『*Japan through the stereoscope*』とほぼ同時期に日本において撮影され、各地で発行されたステレオ写真も所収しているが、それらに掲載された解説は、現場にいなくても記すことができるような一般的な記述や、写真とは直接関連しないような記述に留まっている。それに対して、『*Japan through the stereoscope*』の解説は、現場にいなければわからないような記述や、欧米との物価の違いを比較できるような記述（小学校の学費や給料など）、写真に対応した日本人の家屋や服装の特徴を知ることができるような記述などが見られ、より具体的に当時の日本の実像を知るための工夫が盛り込まれている。それゆえに数多くのステレオ写真のセットの中でも、『*Japan through the stereoscope*』が広く流通し、前述のテリー・ベネットによる評価にもつながったのだろう。

ポンティングと富士山

『*Japan through the stereoscope*』のセットには、富士山を撮影した以下の 5 枚のステレオ写真が収納されている。

No.59　Snow-capped Fuji, the superb, (12,365 ft.) mirrored in the still waters of Lake Shoji - looking S.E.- Japan（本書 71 頁）

No.60　Glorious Fuji, beloved by artists and poets, seen from N.W. through pines at Lake Motosu, Japan（72 頁）

No.61　-3855- Pilgrims, at the end of their weary ascent, in worship encircling the crater of sacred Fujiyama, Japan（73 頁）

No.62　Peering from the lava-encrusted rim down into sacred Fujiyama's vast, mysterious crater, Japan（74 頁）

No.63　Two mile above the clouds - from summit of Fujiyama N.E. over Lake Yamanaka, 10 miles away, Japan（75 頁）

これらの写真は、ポンティングが 1903 年の 9 月におこなった富士登山の前後に撮影されたものと考えられる。なかでも No.61 から No.63 の 3 枚は富士山の山頂付近で撮影されたものだが、同時期に富士山の山頂付近で撮影された写真はごくわずかしか確認されておらず、当時の富士登山の習俗や状況を知る貴重な資料といえよう。さらに、それぞれの写真の裏側の解説には、富士山の基本的な情報だけではなく、噴火の歴史に加えて当時の富士山に対する信仰観や、登山の際に留意すべきことなどが詳細に記されており、ステレオ写真で世界旅行を楽しむ人々の臨場感は一層高まったはずである。

また、『*Japan through the stereoscope*』のセットには含まれていないものの、本書 86 頁に掲載したステレオ写真には、ポンティング自身が写っている。ポンティングは『*In Lotus-Land Japan*』の中で、1903 年の登山の際には、3 人の強力を雇い、東京の若い日本人画家が同行したと記しており[8]、その道中で撮影された一枚である可能性は充分に考えられる。

『*In Lotus-Land Japan*』によると、ポンティングは日本に初めて来たときから富士山の姿に夢中になり、富士登山を実施したいという希望を持っていたとあり、2 度の富士登山を実施している[9]。この著作の中には、詳細に富士登山の記録を記すと共に、美しい富士山の写真が掲載されている。さらに、1905 年に当時の日本を代表する写真家の一人である小川一真が日本国内向けに発行したポンティングの写真集、『*Fuji San*』にも、多くの富士山の写真が採用されており、ポンティングの富士山に対する強い思い入れを窺い知ることができる。こうした思いを込めて撮影された富士山は、ステレオ写真のセットに収められ、世界中の人々の手に渡った。そして、ステレオスコープを使ってリアリティのある富士山を眺めた人々は、ポンティングが抱いた感動を共有したのではないだろうか。

現在の私たちにとっても、当時のステレオ写真を眺めることは、まるでタイムスリップしたかのように明治時代の日本の人々の生き生きとした姿を知ることにつながる。本書では、明治時代のまちとむらに生きる人々の姿と、富士山への憧れの眼差しが込められたものを『*Japan through the stereoscope*』から厳選して所収するとともに、ポンティングに加えて江南信國、ジュリアン・コクランといったカメラマンたちが同時期に撮影したステレオ写真も追加して、新たなセットを構築することを意識したものである。読者のみなさんには、ぜひ実体視に挑戦し、合わせて新たに書き下ろした解説もご覧いただくことで、ステレオ写真の世界を楽しんでいただきたい。

注

（1）本書については、長岡祥三が翻訳した訳書、『英国特派員の明治紀行』（新人物往来社）が 1988 年に出版されている。その後、2005 年には同書を底本とした文庫版『英国人写真家の見た明治日本』（講談社）が出版されているが、両書において、長岡は『*In Lotus-Land Japan*』を『この世の楽園、日本』と訳している。

（2）スコット隊の南極探検における記録写真を収蔵しているケンブリッジ大学（イギリス）のスコットポーラー研究所のウェブサイト内、ポンティングの略歴による（https://www.freezeframe.ac.uk/resourses/ponting-herbert-george/）。

（3）Bennett, Terry（2006）"*Old Japanese photographs: collectors' date guide*" p.575。

（4）井桜直美（2023）『ステレオ写真に浮かび上がる幕末・明治の日本 Part 1 Rossier & Burger & Metcalf』p.2。

（5）Bennett, Terry（2006）"*Old Japanese photographs: collectors' date guide*" p.579。

（6）Bennett, Terry（2006）"*Old Japanese photographs: collectors' date guide*" p.577。ポンティングが撮影したもの以外の写真については、6 枚が 1896 年の Strohmeyer & Wyman の 72 枚のセットから流用されたもの、そして少なくとも 2 枚（本書 50 頁と 56 頁）は、明治期に活躍した日本人カメラマンの一人として知られる江南信國が撮影したものとされる。

（7）Bennett, Terry（2006）"*Old Japanese photographs: collectors' date guide*" p.449。

（8）Ponting, Herbert G.（1910；1985）"*In Lotus-Land Japan*" p.209 および、H・G・ポンティング著・長岡祥三訳（2005）『英国人写真家の見た明治日本』p.232。

（9）Ponting, Herbert G.（1910；1985）"*In Lotus-Land Japan*" p.170 および、H・G・ポンティング著・長岡祥三訳（2005）『英国人写真家の見た明治日本』p.194。

＊本書に収録したステレオ写真の所蔵先

本書の No. 1～24、31～38、40～47、49～59、62～64：静岡県富士山世界遺産センター

本書の No. 25～30、39、48、60、61、65～80：井上卓哉（個人蔵）

＊ステレオ写真を立体視する方法

ステレオ撮影された写真を立体的に見る（立体視する）方法としては、肉眼のままで見る方法と、補助ツールを使って見る方法があります。

本書に掲載したステレオ写真は、肉眼のままでも見られるように、元の写真を少し縮小して、左右の写真の間隔を約 6㎝にしています。

＊肉眼のままで見る方法

・左の目で左の写真を、右の目で右の写真を見ます。両方の写真の中で人物や建物など輪郭のはっきりした同じポイントを見つけて、それに注目するとよいでしょう。
・遠くを見るような感じでぼんやり見ていると、左右の写真の間にもう 1 枚の写真が現れます。
・真ん中の写真に意識を集中させ、先ほどのポイントが近づいてきて重なると、立体的に見えます。

下の立体視サンプルで練習してみて下さい。左右の黒い点が近づいてきて重なった瞬間、画像全体が立体的に見えます。

【立体視サンプル】

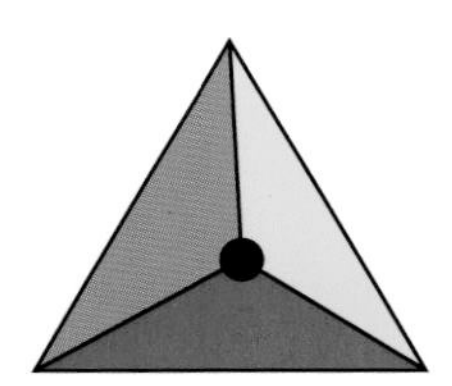

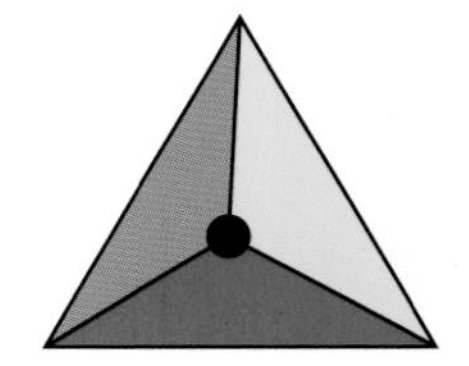

＊補助ツールを使って見る方法

肉眼での立体視がむずかしい方、もっと楽に立体視したい方には 3D スコープが便利です。

「ステレオミラービューワ」（古今書院発売）は、ハンディタイプの 3D スコープで、プリントしたステレオ写真だけでなく、PC やタブレット画面上での実体視にも使えます。くわしくは古今書院の専用ページ（https://www.kokon.co.jp/book/b166146.html）をご覧下さい。⟶
Amazon でも取り扱っています。

1 人力車と多くの人々が行き交う横浜野毛町通り

Picturesque shops and crowds on Batsumati Street, in the native quarter - looking S.W.- Yokohama Japan

撮影：Herbert G. Ponting（Underwood & Underwood, 1904）

人力車が行き交う横浜の雑踏を写した写真。写真のタイトルには「Batsumati Street」とあるが、本写真と同じ構図を持つ同時代の絵葉書から、東海道と横浜港を結ぶ野毛町通り（現在の野毛本通り）を撮影したものと判明した（絵葉書「横濱野毛町通り」横浜市中央図書館蔵）。裏面の解説では、この高台は外国人が数多く居住した横浜山手外国人居留地（現在の横浜山手町）だとするが、野毛山の間違いだと思われる。野毛山には日本人の豪商の別荘が多く建てられていたとされ、写真奥に見える洋館もその一つであろう。

写真右側の店舗に掲げられた看板に注目すると、手前の店舗は海苔店、それに続いて御茶処が軒を並べていたことがわかる。このうち、御茶処については、野毛町通りの老舗として親しまれた「醍醐商店三河屋」という店舗である。裏面解説では、外国人がこういった店に入る際の注意点として、店舗内に土足で立ち入ることは野蛮な行為であり、入り口で靴を脱ぐ必要があることを記す。また、不思議な道具に見えたのか、会計の際に用いられる算盤についての言及が見られる。

2　火床をはさんで向かい合う鍛冶屋とその家族

A Japanese blacksmith at his forge, Yokohama, Japan

撮影：Henry A. Strohmeyer（Strohmeyer & Wyman, 1896）

裏面の解説によると、国が異なれば、同じ目的の作業であっても、正反対の手法が見られるものがあるという。たとえば、欧米の大工は鉋を押して使うが、日本の大工は引いて使う。また、欧米の鍛冶屋は立って仕事をするが、日本の鍛冶屋は写真のように座って仕事をすると指摘する。

座って向かい合った２人の職人の間には、鋼を熱する火床と呼ばれる炉があり、その奥には火床の火力をあげるために風を送る箱鞴が見える。左側の職人は、柄の短い小槌、右側の職人は柄の長い大槌を持つ。ただし、炉に火はついているように見えるものの、金床の上には熱した鋼は見られず、また、鋼を槌で叩いて成形する際に火花が散って危険を伴う場所に子供や女性、洋装の人物などが写っていることから、作業の真っ只中というよりも、写真を撮るために鍛冶屋の一家が集められたのだろう。

また、当時の日本では、鉄道の線路は輸入品に頼っているほか、高層建築や鉄橋もあまり見られず、欧米に比べて鉄の需要が少ないため、欧米のような巨大な製鉄炉を持つ製鉄所ではなく、こうした小規模な鍛冶屋が日用品の製作を支えていると記している。

3 日本の物流の中心地、日本橋周辺の運河と河岸

West from Nihon bashi (bridge) along canal crowded with freight, toward center of Tokyo, Japan

撮影：Herbert G. Ponting（Underwood & Underwood, 1904）

江戸時代から重要な物流拠点として栄えた日本橋周辺の運河を眺める。運河の両岸には様々な物資を船から上げ下ろしする河岸が設けられており、大量の荷物を積んだ船が行き交う様子が見て取れる。河岸には、各地から集積した物資を扱う商店や倉庫が所狭しと軒を並べている。裏面の解説には、日本橋では最高級の陶磁器や七宝焼き、絹といった品々も手に入れることができることが記される。また、河岸に見える電話線の細さ、つまり当時の電話や電報の通信量の少なさや、算盤を使った計算方法が用いられていることに注目しており、この地域のビジネスの手法にはさらなる改善の余地があると指摘している。

しかし、欧米の視点から見ればビジネスの手法に課題があるにしても、当時の日本橋が東京、そして日本の物流の中心地であったことに疑いはないだろう。そのため、当時の高等小学校（現在の小学４年生から中学１年生）の学生が遠足の際に用いるガイドブックである『東京郷土地誌遠足の友』（宮部治郎吉・高橋友夫 1903）にも見るべき場所として挙げられており、「豪商軒をならべ、車馬の往来織るが如く、商業の盛んなること、市中第一とす。されば土地の相場の高きこと、他に比類なく、まことに「土一升に金一升」との昔よりの言伝えに、そむかざるなり」とある。

4 仕事に出かける荷担ぎの男たち

Burden Bearers of Japan - a street scene in Tokyo

撮影：Henry A. Strohmeyer（Strohmeyer & Wyman, 1896）

明治 20 年代後半の東京の街並み。裏面の解説によれば、当時の東京では石とレンガの建物が少しずつ見られるようになってきたものの、大半の建物が木造瓦葺きであるという。また、当時の欧米の都市のように馬や車が通らないため、日本には歩道という概念がないことに驚いている。さらに、家の中で靴を履くという習慣がないため、雨で地面がいくらぬかるもうが、日本人は全く足元のことを気にしないで、町から下駄の音が途絶えることがないと記す。

写真左にはたくさんの荷物を載せた大八車、中央には天秤棒で荷物を担いだ振売の男たちが写る。手前の男が担ぐ左側の桶からは、魚の頭のようなものが見える。ここで様々な品物を仕入れ、これから街に出て売り歩くのだろうか。奥に見える店舗の看板には、「酒　おかず　めし」、「洋酒販売」の文字が確認できる。無事に品物を売り終えた男たちは、こうした店で空腹を満たし、酒を買って家へと帰っていったのだろう。

5 仲見世商店街と浅草寺

Asakusa Street with its passing throngs, Tokyo, Japan

撮影：Henry A. Strohmeyer（Strohmeyer & Wyman, 1896）

ある晴れた冬の日、東京は浅草寺の門前、仲見世商店街の風景。左手前の店舗の日除け暖簾には「梅林堂」とある。現在でも仲見世商店街で営業する人形焼屋、本家梅林堂だとすると、現在の雷門のあたり ── 慶応の火災により延焼し、当時は存在していなかった。現在の雷門は、昭和 35 年（1960）に松下幸之助の寄進により建立されたもの ── から浅草寺仁王門に向かって撮影したものか。

写真奥には、印象的な三角屋根の建造物が 2 棟確認できる。奥の三角屋根は、明治 25 年（1892）竣工の梅園館勧工場の時計塔。手前の三角屋根は、梅園館の時計塔を真似て明治 27 年（1894）に建設された共栄館勧工場の時計塔である（平野光雄『明治・東京時計塔記　改訂増補版』1968）。前者は大正 12 年（1923）の関東大震災により焼失、後者は大正初期には解体されたといい、2 棟の時計塔が同時に存在したのはわずか 20 年ほどの期間であった。なお、勧工場とは、一つの建物の中に多くの商店が入り、様々な品物を販売した場所のことで、現在のデパートの前身といえよう。

6 日覆いが設置された京都三条通を行き交う人々

Mid-summer traffic under the awnings of Shijo-bashidori, (west) a busy thoroughfare of Kyoto, Japan

撮影：Herbert G. Ponting（Underwood & Underwood, 1904）

日除けが設置された通りを人々が行き交う夏の京都。写真右手前の店舗の軒先にある照明や、店先の暖簾には分銅のマークと「たび」の文字。写真タイトルには、「四条橋通」とあるが、この店舗は、京都三条通で現在も営業する老舗足袋屋「分銅屋」である可能性が高く、三条通と堺町通の交差点あたりから西側方向を撮影したものだろうか。

裏面の解説によれば、通りの上空を渡すように設置された日覆いは、木綿の布をワイヤーで張ったものであり、通りに面した商店がそれぞれ設置しているものだとする。こうした日覆いは、西日本を中心に、大正から昭和にかけての時期に多く設置されていったとされるが、周囲を山に囲まれた盆地で、夏に風が無くじりじりと暑く、じっとしていても汗がにじみ出てくる「油照り」という言葉がぴったりな夏の京都では、それよりもやや早く、明治時代にはすでに存在していたという（辻原万規彦「アーケードの原型としての日覆いの建設と衰退」2005）。しかしながら、戦後には鋼材が普及し、各地で多様なアーケードが建設されていくことで、日覆いはその姿を消していくこととなる。

7 店が立ち並ぶ通りの先にそびえる八坂(やさか)の塔

West side of 5-story Yasaka Pagoda, 300 years old, towering over the narrow street, Kyoto, Japan

撮影：Herbert G. Ponting（Underwood & Underwood, 1904）

京都八坂(やさか)通から法観(ほうかん)寺境内の五重塔（八坂の塔）を望む。八坂通の道幅や店が立ち並ぶ様子は、現在と大きく変わらない。写真右手前には、人の名前が書かれていると思われる板が木の枠に打ち付けられている。八坂通と下河原通がぶつかる場所に位置する八坂庚申(こうしん)堂の入り口に掲げられた寄進札だろうか。その入り口と思われる場所には、人力車の一部が写る。

裏面の解説では、左側写真の左手前に写る街灯についての言及が見られる。この街灯はオイル灯で、その燃料はアメリカよりも価格が安いロシアから輸入されているという。また、「京都には近年発電所が建設され、大通りはパリやニューヨークと同じように明るく照らされている」と述べる。ここで触れられている発電所とは、明治 34 年（1901）に当時の京都電燈株式会社が東九条に建設した石炭火力発電所のことであろう。

8　京都粟田口の陶房、錦光山の陶工

A potter and his wheel, fashioning a vase of Awata porcelain - in the famous Kinkosan works, Kyoto Japan

撮影：Herbert G. Ponting（Underwood & Underwood, 1904）

ポンティングの著作『*In Lotus-Land Japan*』によれば、彼は京都の職人の技術に魅了され、たびたび職人の仕事場に訪れていたようである。とくに、京都粟田口の陶房、錦光山の陶工に強い興味を抱き、その優れた仕事ぶりについての詳細な記述が確認できる。この写真は、その陶工を撮影したものであり、彼がろくろで成型したと思われる数多くの花瓶も並ぶ。ポンティングが京都に滞在していた1900年頃の当主、七代目錦光山宗兵衛は、父の代から精力的に取り組んでいた海外への陶器輸出事業をさらに発展させ、錦光山のブランドは、「京都の錦光山にあらず、日本の錦光山なり。日本の錦光山にあらず、世界の錦光山なり」と称されるほど、世界に知れ渡っていたとされる（荒川清澄編『関西之実業』1907）。これらの製品はその後、焼成、絵付けを経て、海外へと輸出されたのだろう。

また、『*In Lotus-Land Japan*』では、輸出された日本の陶器の中には、見るに耐えないような絵が描かれたものもあるが、錦光山では熟練の絵付師を雇っており、彼らが手掛けた陶器の美しさと豪華さに目を見張らない者はいないだろうと指摘している。

9 京都粟田口（あわたぐち）の陶房、錦光山（きんこうざん）の陶芸窯

Workmen watching kilns full of precious Awata porcelain, in the famous Kinkosan works, Kyoto, Japan

撮影：Herbert G. Ponting（Underwood & Underwood, 1904）

No.8 と同じ、京都粟田口の錦光山の陶房で撮影されたもの。3 人の職人が、注意深く窯の温度の管理をおこない、海外に輸出される陶器の焼き上がりを待っている。写真にははっきりとは写っていないものの、手前の職人が手に持つのは団扇（うちわ）と思われる。窯の脇に置かれた薪を窯に焼べ、団扇であおいで空気を送り、火力のコントロールをしているのだろう。また、彼らの頭上や周辺の棚には、焼成を待つ陶器が置かれている様子が見て取れる。

裏面の解説には、こうした職人たちの生活水準についての記述が見られる。それによると、彼らの賃金は、アメリカの工場で働く見習いの少年の賃金よりも安いという。しかし、当時の日本では、アメリカで生活するために必要な金額のほんの一部で快適に過ごすことができた。なぜなら、当時の日本人の主食は米と魚で、衣服と寝具は安い木綿製品であるからだと述べている。

10 日本を代表する七宝(しっぽう)師、並河靖之(なみかわやすゆき)の工房で働く職人たち

Expert workmen creating exquisite designs in cloisonné (Mr. Namikawa in background), Kyoto, Japan

撮影：Herbert G. Ponting（Underwood & Underwood, 1904）

京都の七宝(しっぽう)師、並河靖之(なみかわやすゆき)の工房。写真奥に立ち、職人の作業を見つめる人物が並河靖之本人である。幕末に宮家に仕える侍従の家に養子に入った並河靖之は、皇室で勤務する傍ら、明治 7 年（1874）に七宝の業を始めた。研鑽の末、明治 23 年（1890）の第三回内国勧業博覧会で一等の賞を得るが、さらなる研究を進めて、日本を代表する七宝師の一人となる。その頃、アメリカのホワイト女史が並河の七宝に興味を抱き、彼の工房で見聞した記録を書籍にまとめて出版したところ、欧米の人々の目にとまり、多くの外国人が彼の工房に訪れるようになったという（安藤七宝店『七宝焼』1961）。

ポンティングも並河の工房を訪れ、交流した外国人の一人で、自らの著作『*In Lotus-Land Japan*』において、工房へ訪問した際のエピソードや七宝の工程を詳細に記している。また、並河の工房の作品について、「彼は現代における日本の最高の七宝師といえるだろう。彼の名前の入った作品を持っている者は、それが現在手に入る最高の品を証拠づけるものとして、安心して喜んで良い。」と称賛している。

11 幟旗がはためく大阪道頓堀の劇場

Dotombori, of Theatre Street - looking north - where the towns-people go for amusement, Osaka,Japan

撮影：Herbert G. Ponting（Underwood & Underwood, 1904）

大阪随一の繁華街とされる道頓堀の風景。道頓堀は江戸時代の初期から芝居小屋が立ち並び、多くの人々に娯楽を提供してきた場所である。この写真が撮影された頃の道頓堀では、弁天座・浪花座・中座・角座・朝日座の五劇場が軒を並べ、昼は各劇場の幟旗が立てられ、夜は季節の趣向を凝らした電灯が輝く賑やかな場所であった（島田小葉『大阪新繁昌記』1896）。

写真の幟旗には、「活動写真」の文字が確認できる。道頓堀においては、明治 30 年（1897）に角座と弁天座ではじめて活動写真、いわゆる映画が公開されたことから、本写真はどちらかの劇場の前で撮影されたものであろう。また、頭上にたなびく旗には、「世界最大最長」とあり、そのスクリーンの大きさも集客に一役買っていたことがうかがえる。

なお、この時期の活動写真の題材としては、日本橋や銀座のような名所や、芸妓の手踊り、歌舞伎などが好んで取り上げられ、現在の映画のようにストーリーを有する映像ではなかったようである。

12　夕暮れに家へと向かう多摩川の漁船

Fishing boats coming home at sunset - west across Tamagawa to Kawasaki, near Yokohama, Japan

撮影：Herbert G. Ponting（Underwood & Underwood, 1904）

漁を終え、家路に着く多摩川の漁師たち。裏面の解説には、川の向こう側が川崎とあることから、多摩川の下流部、現在の六郷（ろくごう）水門付近（大田区）から撮影したものか。昭和20年代までの多摩川の水質は比較的良好で、水産資源として多くの魚類が取れた ── 高度経済成長期には周辺の汚水の流入により、取水が停止されるほど水質が悪化したが、排水規制や下水道の普及により現在は水質が改善し、魚類が集まる多摩川の姿を取り戻しつつある ── 。豊かな漁業資源に恵まれた時代の漁法としては、筌（うけ）漁、網漁、釣漁、刺突漁に加え、鵜飼など多種多様な方法が存在した（安斎忠雄『多摩川水系における川漁の技法と習俗』1985)。このうち、写真に写るのは網漁の漁師であろう。

また、解説には、対岸の川崎大師（平間寺）についての言及もが見られる。現在でも川崎大師の縁日は毎月21日であるが、当時も21日には東京や横浜から臨時列車が運行され、厄除を願う多くの参詣者を集めたという。また、3月21日の大祭の際には、境内は多くの屋台で埋め尽くされたことが記される。

13 横浜近郊、金沢における粟の収穫

Peasants cutting millet - looking eastward across field to farmhouses, near Yokohama, Japan

撮影：Herbert G. Ponting（Underwood & Underwood, 1904）

横浜近郊で粟（あわ）を収穫する男女。粟は黍（きび）、稗（ひえ）とともに雑穀として知られるイネ科の作物である。2018 年における国内の粟の作付面積は 14 県で 39.6 ヘクタール、収穫量はわずか 39 トンにとどまっているが、明治 10 年（1877）頃の粟、稗、黍の作付け面積は全国で 35 万ヘクタール、収穫量は 27 万トンにものぼり、当時の人々の食を支える重要な作物の一つであった（日本特産農作物種苗協会 2020）。写真が撮影された季節は初秋、たわわに実った粟の穂は包丁で刈り取られ、籠に入れられている。また、籠の手前の箕にも穂があふれている。こうして一所に穂を集めて、籠の間に見える天秤棒で担いで、奥に見える家へと運んだのだろう。

裏面の解説には、この近辺に徳川家康を顕彰する神社があると記されている。その徳川家康には、会津征伐の際、現在の横浜金沢で一泊し、金沢の景色を褒め称えたという伝承が残る。家康の死後、金沢には家康を祀る東照宮が建立され、明治時代初頭に当地の瀬戸神社に合祀されている。このことから、本写真は横浜金沢で撮影されたものと考えられる。

14 横浜近郊、粟の脱穀と乾燥作業

Farmers with bamboo rakes spreading millet on mats to dry for winter - near Yokohama, Japan

撮影：Herbert G. Ponting（Underwood & Underwood, 1904）

粟の脱穀作業の様子。タイトルに横浜近郊とあることから、No.13 と同じ横浜金沢の農家の一風景だろうか。畑で収穫された粟を数日間天日で乾燥させた後、脱穀作業にとりかかる。本写真には写っていないが、粟の脱穀には叩き棒という道具が用いられてきた。筵を広げて、その上に粟の穂を積み上げてから叩き棒で叩くことで、脱穀することができた。写真手前には、脱穀前の粟の穂が見えるが、これから叩き棒が用いられるものと考えられる。写真中ほどから奥にかけては、脱穀後の粟を男性 2 人が筵の上に広げている。用いられている道具は、柄振と熊手である。両者の形態は異なるものの、均一に粟を広げることで、より効率的な乾燥が進む。この後、篩にかけてゴミを取り除き、箕をふるって選別をおこない、さらに、粟の外側の皮を取り除く籾摺りを経て、ようやく食品となるのである。

このように多くの手間が必要な粟であるが、粥にして食べられたほか、米などに混ぜて炊くこともあった。中でも、粟とともに米や栗、大豆などを入れ、お茶で炊いた炊き込みご飯、いわゆる奈良茶飯は、横浜金沢近くの東海道川崎宿の名物として人気を博したという。また、稲と同じように粟にもウルチとモチがあり、モチ粟からは酒や菓子が作られた。

15 松島湾におけるすくい網漁

A picturesque “toiler of the sea” with his curious fishing net, bay of Matsusima, Japan

撮影：Herbert G. Ponting（Underwood & Underwood, 1904）

松島湾（宮城県）での漁業の様子。櫓の上にいる漁師が今まさに、すくい網を海中に入れようとしているところだろう。この網を静かに沈め、十分な量の魚が網の上に集まるのを待つ。そして、頃合いを見計って、彼が網を一気に引き上げるのである。この漁に必要なのは、ひたすらに魚が来ることを待つ忍耐力。長時間櫓の上に座っていることができるように、漁師の頭上には日除が設置されている。櫓の奥に見える帆掛船には、特別な漁の道具が載っているようには見えない。櫓の漁師が集めた魚を、新鮮なうちに港へと運ぶのだろうか。

裏面の解説によれば、当時の松島の漁師たちの主食は、わずかな面積の水田で育てている米と雑穀、そして魚であり、多くを求めない生活を営んでいるという。そして、こうした日本の地方の生活を知ることができる著作として、ラフカディオ・ハーン（小泉八雲）の明治 27 年（1894）の作品、「*Glimpses of Unfamiliar Japan*（知られぬ日本の面影）」を勧めている。

16 機織り（はたお）

Peasant housewife wearing cotton cloth - shuttle in hand ready to pass trough the warp- Japan

撮影：Herbert G. Ponting（Underwood & Underwood, 1904）

軒先で機（はた）を織る女性。裏面の解説では、詳細に機織りの手順が記されている。そのリアルな記述から、長時間にわたる機織りの観察や聞き取りがおこなわれたことが想像できる。『*Japan through the stereoscope*』の解説の筆者については不明であるが、その多くに「From Notes of Travel, No.9, copyright, 1904. By Underwood & Underwood」の記載がみられる。この文言から察するに、撮影者（ここではポンティング）の旅の記録が存在し、それをもとに解説が記されたのだろう。単に写真を撮影するだけではなく、その状況をしっかりと観察し、文字としての記録も留めておこうとするポンティングの熱意が伝わる写真である。

ただし、ポンティングにとってもこれは簡単な仕事ではなかったようで、「丈夫な布を作ることができるが、機織りは長くて退屈な作業である」とも記されている。

17　京都保津峡の筏流し

Exciting experience of men on a log-raft, shooting the Hozu Rapids on the Katsura, Kyoto, Japan

撮影：Herbert G. Ponting（Underwood & Underwood, 1904）

京都府を流れる桂川の上流部に位置する丹波地方は、古くから良質な木材の生産地として知られている。近代以降の鉄道網の発展や自動車の普及に伴い、その姿は失われてしまったが、かつては材木で筏を組み、桂川を下って京都へと運搬する「筏流し」がおこなわれていた。本写真は、桂川の流路のうち、亀岡盆地から京都盆地へ至る区間、いわゆる保津峡において撮影された筏流しの様子である。

裏面の解説によれば、こうした筏流しの様子を見ることが保津峡の楽しみであるという。写真手前の岩盤上には、魚籠のようなものも見えることから、釣りをしながらこのスリリングな光景を楽しんだのだろうか。また、ポンティングが来日した1900年頃にはすでに、観光客向けの遊覧船による川下りがおこなわれており、『*In Lotus-Land Japan*』によれば、ポンティング自身も何度か遊覧船に乗って桂川を下っている。さらには、川を下るだけではなく、船を曳いてもらって川を遡るということもおこなっている。こうした体験を通じて、ポンティングは船頭の優れた操船技術に深く感銘を受けており、「こうした人材を海軍で採用することができれば、島国である日本といえども恐れることは何もないだろう」と述べている。

18 犂（すき）を使った田おこしと日除を設置した茶畑

Ploughing flooded ground for rice-planting - north from main highway at Uji, near Kyoto, Japan

撮影：Herbert G. Ponting（Underwood & Underwood, 1904）

京都宇治の農村における、牛を使った田おこしの様子。農夫は器用に牛を操り、犂（すき）を使って田の土と肥料を混ぜ込んでいく。明治時代の初期までは、犂自体に欠点が多く、また、使用者の相当な熟練が必要であったため、田おこしに全く犂が用いられていない地域もあった。しかしながら、人力よりも牛や馬による犂の田おこしの方が効率がよいことに加え、犂を使うことで深耕が可能になる。さらに、増収が期待されることもあり、従来の犂よりも熟練を要しないものが福岡で開発・推奨され、その操作方法を教える教師やテキストとともに全国に犂の使用が広がることとなった（田村健蔵『馬耕之栞』1903）。

また、裏面の解説では、奥に写る瓦葺きの建物は製茶場とされる。この地域で生産される「玉露（ぎょくろ）（Jewelled Dew）」は高品質で、欧米で重宝されているという。玉露の茶葉は、摘み取り前の約 20 日程度、日差しを遮った状態で育てられることに特徴があるが、製茶場とされる建物の横には、簾（すだれ）のようなもので囲まれた空間が確認できる。ここで玉露にするための茶樹を育てているのだろうか。

19 京都近郊、乱雑植による田植え

Patient laborers transplanting rice-shoots on a farm in beautiful interior of Japan - near Kyoto

撮影：Herbert G. Ponting（Underwood & Underwood, 1904）

京都近郊、石積みの畦畔に囲まれた水田で行われる田植えの様子。7 人の男女の位置や、水田の至る所に置かれた苗の束から察するに、「乱雑植」というやり方の田植えであろう。かつてはこのような乱雑植が一般的な田植えの方法であったが、除草の手間がかかる、苗が密集した場所は日当たりが悪くなり生育が遅れるといった問題があった。そのため、明治時代の中期頃から、田植枠や田植縄という、苗を植え付ける位置の目印を示すための道具を用いて、規則正しく植えていく方法、いわゆる「正条植」という方法が各地でおこなわれるようになったとされる。本写真が撮影された時期は乱雑植から正条植への過渡期にあたり、この地域ではまだ田植枠や田植縄といった道具は導入されていなかったのであろう。

裏面の解説では、水田に入れる肥料として、村や町で集められた屎尿（しにょう）が用いられ、朝から晩まで悪臭のする泥の中で田植えをすることは非常に辛い仕事だと指摘している。しかしながら、日本では昭和初期までは屎尿を肥料として用いることはそれほど珍しいことではなく、都市部の屎尿を農家が購入する、あるいは米や野菜と交換するということが日常的におこなわれていたのである。

20　日本を代表する茶産地の一つ、宇治での茶摘み

-3915- Girls picking tea on famous plantation at Uji, among the sunny hills of old Japan

撮影：Herbert G. Ponting（Underwood & Underwood, 1904）

京都宇治の茶園における茶摘みの風景。この写真が撮影された1900年頃は、まだ茶摘み鋏（ばさみ）は発明されておらず、手摘みがおこなわれている。手摘みされた茶葉（生葉）は、新芽以外の硬い茎や葉が混入しないため品質が良いものの、その作業効率は良いとはいえず、多くの茶を生産するためには、写真のように大人数で茶摘みをおこなう必要があった。画面右側中央では、男性が「西村松花園」と記された大きな籠を担いでいる。女性たちが摘んだ茶葉を回収し、製茶場へと運搬する芽運夫だろうか。

裏面の解説では、宇治の茶は、チャの生育に適した土壌、適切な判断による茶摘み、そして、製茶場で製品に仕上げる優れた技術の三つの要素により高品質となっていると指摘する。とくに、生葉を製品に仕上げるためには、葉を蒸す工程、焙炉という道具を用いて蒸した葉を乾燥する工程、乾燥させた葉を調整して仕上げる工程が存在し、それぞれの工程において熟練の技が求められた（上林楢道『宇治茶』1917）。当時、製茶機械が少しずつ導入されていたものの、その品質は人の手には及ばず、それゆえに優れた技術を持つ職人は、全国各地の茶産地から請われて製茶指導に赴くこともあった。

21 瀬戸内海の漁村（男たちによる漁業）

Fishing village of Obatake not he Inland Sea - looking north to the terraced rice-fields, Japan

撮影：Herbert G. Ponting（Underwood & Underwood, 1904）

瀬戸内海の漁村の風景。表題と裏面の解説に登場する地名から、伊予灘（いよなだ）の小畠（おばたけ）周辺（現在の山口県柳井（やない）市）で撮影されたものと考えられる。男たちの乗る漁船は小型で、近隣の漁場で漁をおこなうのだろう。裏面の解説では、それだけでは生活することができず、女性たちは集落の背後に開かれた棚田で稲作をおこない、それが彼らの生活の支えとなっているという。

写真左手の海に面した石垣の上には、穴のあいた箱が三つ並んで干されている。その形態から察するに、この箱は捕った魚を生かしたまま運搬するための生簀（いけす）の一種であろう。漁船には作りつけの生簀が設けられている場合もあるが、ここでは脱着可能な生簀を用いていたと思われる。

海岸線が入り組み、また集落の背後に山が迫っているこの地域では、船が重要な交通手段でもあったことが容易に想像ができる。それゆえに、漁に出ない時には多くの人を載せて移動ができるように、写真のような生簀が用いられたのかもしれない。

22 瀬戸内海の漁村（女たちによる脱穀作業）

Thrifty farmers' wives heading barley by pulling it through from combs, near Iwakuni, Japan

撮影：Herbert G. Ponting（Underwood & Underwood, 1904）

岩国（山口県）近郊の農家の庭先で稲の脱穀に励む女性たち。No.14の写真とは異なり、ここでは稲扱（いねこき）（千歯扱（せんばこき））という道具を用いて脱穀がおこなわれている。稲扱は、先端が尖った薄く長い鉄片（歯）を櫛状に固定して足をつけたもので、稲の穂を歯の間に通すことで籾を取り出すことができる。こうして籾を取り出したあと、ゴミや実の入っていない籾を、箕（み）や唐箕（とうみ）と呼ばれる道具で選別し、さらに籾摺（もみす）りをおこなうことで、玄米となる。稲扱の歯は定期的なメンテナンスが必要になることから、稲扱専門の職人が全国を回って修理・販売するネットワークが構築されていた。しかし、大正時代になると、ドラムに多くの歯（逆V字型の針金）を付け、それを回転させることでより効率的に脱穀をおこなうことができる足踏み脱穀機が開発・普及することで、彼らの仕事は失われてしまったのである。

また、裏面の解説では、家屋の障子についての言及が見られる。ガラス窓ではなく、紙であるのにもかかわらず、外光をしっかりと取り入れることができるその仕組みに驚きを示すとともに、軒先に置かれた傘にも紙が用いられていると述べる。当時の西洋人にとって、紙を様々な用途で用いた日本人の生活は、興味をそそられるものだったのだろう。

23 唐竿を用いた小麦の脱穀作業

Flailing barley beside a fishing beach on the Inland Sea (looking S.E.) to Oshima Island, Japan

撮影：Herbert G. Ponting（Underwood & Underwood, 1904）

裏面の解説によれば、瀬戸内海を挟んだ先に見える島が大島、そして大島の奥に見える山々が四国だという。大島という島名、そして四国が見えるという位置関係から、平成 18 年（2006）に全線開通した広島県尾道市と愛媛県今治市を結ぶ瀬戸内しまなみ海道の道中にある島から撮影したものか。

また、写真手前の向かい合う 6 人の男女がおこなっているのは、小麦の脱穀（粒を穂からはずす）・脱稃（粒から皮を外す）作業である。彼が手に持つ道具は唐竿（殻竿）。二本の棒が縄で連結されており、手元の棒を勢いよく打ち下ろすことで、加速された先端の棒が小麦へと叩きつけられる。その衝撃で小麦の粒は穂から外れ、さらに皮も取り除かれるのである。その後、皮やゴミが選別されて粒だけとなった小麦は、米などに混ぜて炊いて食べられたほか、粉に挽いて麺類などに加工されて日々の食卓に上ることとなる。

24 阿蘇カルデラ内に広がる水田

Looking W. Toward Kumamoto across fertile rice-fields in the old crater of Aso-San, Japan

撮影：Herbert G. Ponting（Underwood & Underwood, 1904）

世界最大級のカルデラの一つとされる阿蘇カルデラの中に広がる水田。写真手前の人物は、畦畔の手入れをしているのだろうか。写真奥に見えるのは、カルデラの外輪山の切れ目、立野(たての)渓谷と思われる。立野渓谷の見え方から察するに、阿蘇カルデラ西端の沢津野あるいは乙ヶ瀬付近（熊本県南阿蘇村）で撮影されたものか。

裏面の解説によれば、カルデラ内の火山の噴出物は長い時間をかけて、いつしか作物を育む土へと変化し、豊かな農地が広がる景観が形作られたという。そして、そこでは豊富な水を利用する優れた灌漑技術による稲作に加えて、麦や黍などの栽培がおこなわれ、多くの人々が幸せに暮らしているとする。また、阿蘇カルデラを生み出した阿蘇山は人々の信仰の対象となっていることに言及しているが、「このような世界に類を見ない美しい景色が生み出されるのであれば、それも当然のことだ」と記している。

＊撮影場所については、宮縁育夫氏（熊本大学）および小林淳氏（静岡県富士山世界遺産センター）からご教示いただいた。

25 富士山麓での茶摘み

The Preparation of Tea in Japan. A great tea plantation

撮影：Herbert G. Ponting（C. H. Graves, 1902）

ポンティングは、アメリカのC. H. Gravesが経営するUniversal Photo Art社に雇われて1901年に初来日を果たし、日本の各地で写真撮影をおこなっている。同社は翌年に100枚組と200枚組のステレオ写真のセットを販売するが、本写真に記されたポジションナンバーが「131」であることから、200枚組みのセットに含まれていたものか。

2人の女性が茶畑の中に立ち、堤防のような構造物ごしに富士山が見える。富士山の見え方から、現在の静岡県富士市内で撮影されたものと考えられる。茶畑の背後に見える構造物が堤防であるとすると、日本三大急流の一つとされる富士川の水害を抑えるために江戸時代に建造された雁堤（かりがねづつみ）であろうか。現在は堤の内側に茶畑が広がるが、富士山麓の茶畑の中では、最も早い収穫が期待できる場所となっている。

26 小舟に乗って浮島沼を進む

Mt.Fuji from Tokaido, Japan

撮影：江南信國（Griffith & Griffith, 1895-1900）

No.73と同じセットに含まれていた写真。人物のそばには広大な湿地、湿地の奥に愛鷹山のなだらかな山容が見え、さらにその奥には富士山が聳える。その景色から、本写真は現在の静岡県富士市と沼津市の境に広がる浮島ヶ原の南側、近世には東海道の間宿が設置された柏原付近から撮影したものとわかる。現在の浮島ヶ原は干拓が進み、広大な乾田が広がる場所となっているが、かつては湿地帯であり、その中には浮島沼をはじめとする大小の沼が存在していた。この浮島沼と愛鷹山、そして富士山を収めた風景は、東海道を旅する人々にとっては絶景であり、江戸時代には本写真と同様の構図を持った数多くの浮世絵が制作された。また、かつての浮島沼は内水面漁業の場であり、そこから得られる魚類が周辺住民の生活を支えていたのである。なかでも、浮島沼で取れたウナギは、間宿の柏原で蒲焼として販売されており、東海道の名物の一つとなっていた。

写真の人物のうち、手拭いを被った2人はともに釣り竿らしき棒を肩に担ぐ。今まさに、右端の人物が操る船で、漁に出かけるのであろうか。

27 静岡近郊、水田と茶畑のある風景

Tea on the Uplands and Rice on the Lowlands, near Shizuoka, Japan

撮影：Cochrane Julian（Keystone view company, 1904）

茶畑が広がる丘陵の高台から、眼下の水田が広がる平地を眺める。水田の中には、並木が目立つ街道が弧を描き、街道沿いには家屋が点在している。本写真のタイトルには、「静岡付近」とあり、裏面の解説には、富士山から25マイル（約40キロメートル）、東京からは100マイル（約160キロメートル）離れているとするが、場所の特定はなかなか困難である。街道を東海道と仮定しても、現在の静岡市付近ではこのように東海道が見下ろすことができる場所は存在しない。東海道にこだわらず、丘陵や河川の形も考慮すると、現在の静岡市清水区鳥坂の辺りから同区長崎の集落を眺めたものとも考えられる。

本写真に見られるように、街道沿いの集落付近には水田と畑、そして傾斜地には茶畑が広がるという景観は、集落周辺の自然環境を巧みに利用することによって生み出されたもので、静岡に限らず、山や丘陵を背後に抱える地域において伝統的に見られた景観の一つであるが、都市化や生活スタイルの変化によって、現在ではその多くが失われてしまった。

28　浮島ヶ原での麦刈り

Reaping Wheat with Sickles - Chief Method of Harvesting in Old and New Japan

撮影：Cochrane Julian（Keystone view company, 1904）

鎌を使って、麦を刈り取る人々。写真左側の人物が持つ鎌に注目すると、柄と刃の角度が 90 度程度となっていることから、刃が鋸状になっており、もっぱら穀物の刈り取りに用いられる鋸鎌ではなく、草刈りなどにも用いられる刃鎌を用いていたようである。富士山の見え方から、No.29 の写真が撮影された場所からそれほど遠くない、浮島ヶ原周辺での風景だと考えられるが、湿田で麦を育てることは困難であるため、No.29 の水田よりも民家に近く、水のコントロールが容易い場所を麦畑として用いていたのであろう。なお、本写真が撮影された約 10 年後の大正 6 年（1917）に、浮島ヶ原が位置する富士郡の概況を記した資料によれば、穀物の中では水稲と麦の作付面積が群を抜いて多く、両者の差はほとんど見られない（太田大蔵『富士郡概観』1917）。現在、浮島ヶ原周辺で麦畑を見ることは困難となってしまったが、当時のこの地域の人々にとっては、麦も米と並ぶほど重要な作物だったのである。

29 浮島ヶ原における牛を使った代掻き

Bull Plough - Preparing Rice Field for Planting, Japan

撮影：Cochrane Julian（Keystone view company, 1904）

田植え前の代掻き作業。田植えの前にはいくつかの作業があるが、土と肥料をかき混ぜて地力を向上させる「田おこし」（No.18）に続いて、田に水を張って土を細かく砕き、土の表面を平らにする作業を「代掻き」という。代掻きによって、肥料を均一に混ぜ込むことができるほか、苗を植えやすくして根付きをよくする、雑草の発芽を抑えるなどの効果が期待できる。現在では、トラクターで実施されることが多い作業であるが、昭和20年代から30年代にトラクターが普及するまでは、牛や馬の力と人力の併用で代掻きがおこなわれていた。写真のように牛や馬に馬鍬という道具を曳かせて土を丁寧にかき混ぜた後、柄振という道具を用いて、代掻きの最後の仕上げをしたのである。

牛と農夫の視線の先には、うっすらと富士山が写る。富士山の見え方と、水田の奥に富士山に向かう緩やかな傾斜が確認できることから、駿河湾最奥部の田子浦砂丘と、富士山の南東部に位置する愛鷹山の裾野の間に広がる浮島ヶ原で撮影された風景である。この場所は海水面との標高差が少なく排水が困難であったため、昭和30年代までは常に湛水している湿田が数多く見られた。

30　静岡近郊、茶摘みに向かう少女

A Country Girl of Old Japan - Among the Famous Tea Fields of Shizuoka, Japan

撮影：Cochrane Julian（Keystone view company, 1904）

明治37年（1904）にCochrane Julianによって撮影された写真。当時販売されていた日本をテーマにしたステレオ写真のセットの多くに含まれていたもので、ステレオ写真のディーラーやコレクターの間では「The tea girl」の名称で通じるほどよく知られているステレオ写真である（Terry Bennet『*Old Japanese Photographs: Collectors' Date Guide*』）。

絣（かすり）の着物に脚絆（きゃはん）と手甲（てっこう）、編笠（あみがさ）を被って微笑む少女は背に茶摘籠を背負う。まだ茶葉が入っていないことから、これから茶摘みに向かうのだろうか。写真が撮影された明治30年代はまだ茶摘鋏が発明されておらず、茶摘みといえば手で摘むしかなかった。そのため、大人数で茶樹を取り囲んで効率的に摘めるように、その高さは腰よりやや低く、小さな株となるように仕立てられている。大正4年（1915）に静岡県の鍛冶屋・内田三平により茶摘鋏が発明され、茶摘みの効率化が進み、さらに昭和30年代に自動茶摘機が開発されると、機械の形状に合わせて茶樹は現在見られるようなかまぼこ型へと仕立てられるようになった。

31　芝公園で桜を楽しむ母と子

Under the Cherry Blossoms - looking N.E. along the main avenue of Shiba Park, Tokyo, Japan

撮影：Herbert G. Ponting（Underwood & Underwood, 1904）

ポンティングは、季節ごとに咲く花々とそれを楽しむ日本の人々の姿を気に入っていたようで、自らの著書『*In Lotus-Land Japan*』の中にも、「東京の花まつり」という章を設けている。また、『*Japan through the stereoscope*』のセットの中にも花見をする人々の写真が複数枚含まれており、この写真は、東京芝公園の桜の下でたたずむ母親と子供たちの姿を写したものである。奥に見える建造物は増上寺（ぞうじょうじ）の三解脱門（さんげだつもん）であり、彼らが立つ場所は現在の日比谷通りとなる。裏面の解説によれば、この家族は中流階級の家であり、ベビーカーや洋傘など、欧米の生活様式が少しずつ浸透している様子が見て取れると指摘する。

芝公園は、もとは徳川家の歴代の墓所が設けられた増上寺の境内であったが、欧米視察を経て公園の重要性を認識した明治政府により、明治６年（1873）に浅草公園、上野公園、深川公園、飛鳥山公園とともに、日本の最初の公園として制定されている（東京都建設局公園緑地部『東京の公園：その 90 年のあゆみ』1963）。以降、これらの公園は広く開放され、多くの人々を集める場所となった。

32 大隈重信が愛でた盆栽

Dwarf pines and maples nearly 100 years old, treasured in Count Okuma's greenhouse, Tokyo, Japan

撮影：Herbert G. Ponting（Underwood & Underwood, 1904）

明治初期に活躍した政治家であり、早稲田大学の創設者としても知られる大隈重信の庭園（大隈庭園）内に設けられた温室で盆栽を世話する庭師。大隈庭園は、大隈重信自らがそれまで主流であった和風庭園ではなく、文人風の作庭を求めたもので、それに長じた大阪の鈴木柯村、図案の作成に渡邉華山の門人である渡邉華石、園芸家の香樹園主人が携わったといい、大隈庭園以降、これに倣う庭園が数多く作られた（市島春城『随筆早稲田』1935）。また、大隈は、自分自身でも庭園内の菊や蘭、野菜や果樹などの世話をしていたといい、なかでも盆栽を深く愛し、大温室で育てられた盆栽の中には、三代将軍徳川家光が世話をしたものもあったとされる（服部嘉香『早稲田の半世紀：随筆』1957）。

裏面の解説でも、日本の盆栽の技術に驚いていたようで、欧米の庭師が同じようなものを作ろうとしても、すぐに枯らしてしまうだろうと述べている。また、盆栽に見られるような繊細な美意識は、日本の他の美術工芸品にも見られるものとし、当時の日本人は西洋の美意識にあまり興味を抱いていないと指摘している。

33　浅草十二階の直下、劇場前に集う観客たち

Watching a free show, on Theatre Street, - looking north to Asakusa Tower, Tokyo, Japan

撮影：Herbert G. Ponting（Underwood & Underwood, 1904）

浅草の劇場前に集う人々。道に面した劇場のベランダ状の所には、着飾った子役の姿が見える。彼女たちはそこで演目の紹介をしているのだろうか。また、彼女たちの頭上には、「大盛」の文字が確認できる。浅草で大盛といえば、浅草生え抜きの劇場として知られる大盛館だろう（石角春之助『浅草女裏譚』1930）。裏面の解説によると、ここでは、伝統的な時代劇に加えて、コメディや歌劇なども上演されていたという。劇場正面の正面の壁には、その出演者や上演の様子が掲示されており、人々を集めるのに一役買っていたものと思われる。

劇場の背後に見える高層建築は、「浅草十二階」の名前でも知られる凌雲閣（りょううんかく）である。当時の日本で最も高い建物（高さ 52 メートル）として、明治 23 年（1890）に建築されたこの建物は、日本初の電動エレベーターも備え、高所からの眺めを売り物にして多くの観覧者を集めたが、大正 12 年（1923）の関東大震災で甚大な被害を受けることとなる。しかし、修復されることはなく、陸軍によって爆破解体されたことで、その姿は失われてしまった（磯ヶ谷紫江『浅草寺境内独案内』1959）。

34 亀戸（かめいど）天神社の藤棚を愛でる人々

Flower-lovers lunching under beautiful Wistaria arbors - N. From round bridge, Kameido, Tokyo, Japan

撮影：Herbert G. Ponting（Underwood & Underwood, 1904）

東京の亀戸（かめいど）天神社の心字池に設けられたテラスから満開の藤の花を愛でる人々。亀戸天神社は、江戸時代から梅と藤の美しさで知られた神社であり、季節になると多くの花見客を迎えてきた（東京都江東区『江東区 1959』1959）。祭神である菅原道真にちなみ、かつては藤の花を見ながら歌を詠む連歌屋（連歌堂）という建物が心字池に沿って存在していたとされるが（亀戸天神社菅公御神忌一〇七五年大祭事務局『亀戸天満宮史料集』1977）、天保 8 年（1837）の『江戸名所花暦』によるとすでに連歌屋はなく、藤棚の下には茶店が構えられていたという。

写真のテラスは、こうした茶店の流れを汲むものと考えられ、裏面の解説では、老若男女がそこで出される茶や小さなお菓子を食べながら、藤の花が揺れる様を楽しんでいると記される。さらに、店内に見える暖簾（のれん）を拡大してみると、「サッポロビール」（明治 9 年（1876）に札幌で生産開始）とあり、アルコール類も提供されていたことがわかる。

35 平安神宮の藤棚を愛でる人々

A feast for the eyes - drooping clusters of wistaria over a tea-house porch- Kyoto, Japan

撮影：Herbert G. Ponting（Underwood & Underwood, 1904）

写真奥に写る建造物は、明治 28 年（1895）に京都で開催された内国勧業博覧会に併せて創建された平安神宮の応天門で、その前の茶店では、人々が茶を飲みながら花を愛でている。裏面の解説によると、藤棚の柱を持つ若い女性は、「ねえさん」と呼ばれる茶店の店員で、お茶やお菓子を運んでくれるという。また、解説には外国人が彼女とコミュニケーションする際の日本語が記されており、それによると、空腹の際には「お腹が空きました。お支度をどうか早く」と伝え、足りない時には「もっとください」、そして退店する際には「おおきに。お世話になりました」と伝えると良いとする。

また、解説では奥に見える人力車についても触れられており、1 時間あたり 20 銭（当時のレートで 10 セント）で車夫を雇うことができるという。この写真が撮影されたほぼ同時期の明治 38 年（1905）のあんパンの価格が 1 銭であったことから（週刊朝日編『値段史年表』1988）、当時も人力車に乗るにはそれなりの費用がかかったことがわかる。ただし、京都をあちこちを巡るには、非常に便利な乗り物であると記されている。

36　大道芸人を取り囲んで写真に収まる観客たち

A street performer amusing the crowds, Kobe, Japan

撮影：Herbert G. Ponting（Underwood & Underwood, 1904）

猿を抱いた大道芸人と、彼を取り囲む笑顔の観衆たち。猿を使った芸、いわゆる猿回しだけではなく、写真には湯気の立つ鍋、飴のようなものが入った升も確認できることから、菓子なども売っていたのだろうか。それらの前には天秤棒も見えることから、商売道具を担ぎながら全国を渡り歩いて人々を楽しませていたのかもしれない。とくに、猿回しは江戸時代までは幕府と宮廷に召されて新春の賀を祝った季節的芸人であり、幕府に召される者は尾張・三河・遠江、宮廷に召される者は大和あるいは京のものと決まっていたが、明治時代から大正時代にかけては、山口県熊毛郡（現在の光市近辺）の者が主になっていたという（権田保之介『娯楽業者の群：社会研究』1923）。

また、裏面の解説では、大道芸人の背後にいる背の高い青年の質の良い着物を褒め称えているが、この写真が撮影された神戸では、こうした着物を脱いで、洋装へと切り替えている男性が多いことを嘆いている。

37 子守を通して、社会性を学ぶ少女たち

Big sisters and little brothers in the Land of the Rising Sun - Yokohama Japan

撮影：Herbert G. Ponting（Underwood & Underwood, 1904）

こちらを見つめる少女たち。横を向いている少女以外の6人は、それぞれ幼い弟あるいは妹を背負う。裏面の解説によれば、少女たちの年齢は7歳から8歳であるが、学校を卒業すると家の仕事に専念することが一般的であった当時の日本においては、わずかな授乳期を終えた赤ちゃんの子守は彼女たちの重要な仕事の一つであり、日常的な風景であったという。そして、彼女たちは子守をしながら、家族の手伝い、あるいは友達との遊びを通して社交性を身につけ、数年後に通学することになる学校生活に必要なマナーを養っていたとする。

また、解説では彼女たちが身につけている着物が木綿のものであることから、裕福ではない家庭の子どもであるとし、子どもであっても、絹やちりめんの着物、美しい刺繍が施された帯を着用している場合は、裕福な家庭の子どもだと見分けることができると述べる。

38 休み時間、思い思いに遊ぶ子どもたち

Schoolhouse and grounds with vine-covers shelter and little folks playing , (looking S.E.) Yokohama, Japan

撮影：江南信國（Underwood & Underwood, 1904）

『*Japan through the stereoscope*』の 100 枚セットの大部分はポンティングの撮影によるものだが、明治初期の日本人カメラマン、江南信國（えなみのぶくに）が撮影したものが少なくとも 2 枚採用されているとされ、本写真がその 1 枚である（Terry Bennett『*Old Japanese Photographs: Collectors' Data Guide*』）。

横浜近郊の学校を撮影したものであるが、休み時間だろうか、大きな日除けが設置された校庭では多くの子どもたちが遊ぶ。裏面の解説によれば、彼らの遊びはケンケンパ、目隠し遊び、鬼ごっこなどで、アメリカの子どもたちとなんら変わらないという。さらに、明治 5 年（1872）に日本に伝来した野球を、アメリカ人と同じように楽しむ少年たちや、人形遊びに熱中する少女たちもいると記す。

彼らが学校で学んでいる教科は、読み書き、算数、図工、地理や歴史などで、特に日本語は 47 音の平仮名と膨大な種類の漢字があり、読み書きの学習が難解であるものの、優れた生徒はそれを完璧に操り、記憶していることに驚いている。また、こうした学校は無料ではないものの、年間 1 円（当時の米ドルのレートで 50 セント）という安価な費用で通学できることに言及している。

39 上野公園の運動場で体を鍛える子どもたち

The Warlike Sprit in the Youthful Jap, Japan

撮影：Henry A. Strohmeyer（Strohmeyer & Wyman, 1896）

洋装の教師の指導のもと、剣術に取り組む子どもたち。奥には、保護者と思われる人々が見えること、また、子どもの一人が「小川学校」と記された旗を手に持っていることから、現在の運動会のような催しであったのかもしれない。なお、裏面の解説によれば、写真が撮影されたのは学校の校庭ではなく、上野公園内の運動場である。当時、日本の各地においてこうした運動場を有する公園が整備されつつあったが、その背景には、「富国強兵」「殖産興業」を標榜する明治政府において、欧米列強と比較すると劣っていると言わざるを得ない日本人の体力の問題を早急に解決し、身体の健全・健康や強壮な身体をつくりあげるためにも、人びとの日常的な運動機会を保障することが急務とされていた（小坂美保「都市の運動・スポーツ空間形成過程における身体へのまなざし」2019）。

しかしながら、解説では、当時の日本の食生活は、彼らが厳しい仕事につくにあたって必要とされる身体的な基礎を作るために充分なものではなく、多くの野心的な若者が挫折してしまっていると指摘している。

40　茅葺の校舎の前で写真に収まる子どもたち

Little folks on their playground before the quaint village schoolhouse, Karuizawa, Japan

撮影：Herbert G. Ponting（Underwood & Underwood, 1904）

写真タイトルおよび裏面の解説によれば、軽井沢の小学校とされる。この写真が撮影された明治 36 年（1903）時点で軽井沢周辺に存在した小学校は、追分尋常小学校（旧分里学校）、軽井沢尋常小学校（旧振起学校）、長倉尋常小学校（旧長倉学校）の 3 校であるが（泉 寅夫『軽井沢町誌』1936)、校舎と思われる茅葺屋根の建造物の背後に見える山が浅間山の側火山である離山だとすると、軽井沢尋常小学校と考えられようか。また、この建造物には、ガラス窓が用いられていることがわかる。日本においてガラス窓が広く用いられるようになるのは、大正時代以降とされるが、裏面の解説では、当時の軽井沢は来日した宣教師たちに人気の避暑地であり、彼らの影響もあってか、小さな学校にもかかわらずガラス窓が用いられたと指摘する。

また、子どもたちの背後には、巨大な石造宝篋印塔が写る。右端の少女の身長から察するに、ゆうに 5 メートルは越えていたものと思われるが、残念ながら現存はしていないようである。

41　涼を求めて巨大な手水鉢に集まる子どもたち

Main front of Higashi Honganji, largest Buddhist temple in Japan, just rebuilt, (looking north), Kyoto

撮影：Herbert G. Ponting（Underwood & Underwood, 1904）

元治元年（1864）におこった禁門の変（蛤御門の変）の戦火により京都東本願寺の建物のほとんどは焼失してしまう。その後、明治 13 年（1880）から本尊の阿弥陀如来を祀る阿弥陀堂、親鸞を祀る御影堂の再建工事が始まり、明治 28 年（1895）に新たな堂舎への遷仏遷坐の大典が挙行された。この写真は、その数年後に撮影されたもので、奥に巨大な御影堂が見える。手前には、花弁を模したような大きな鉢が見えるが、花弁の間から水が滴っており、手水として用いられていたのだろう。

東本願寺は江戸時代にたびたび火災の被害を受けており、明治の再建工事に合わせて、防火用水を確保する目的で、琵琶湖疏水を東山の蹴上から東本願寺まで通水する「本願寺水道」が整備されている。この鉢についても、その水が利用されていると思われ、子どもたちが涼を求めて集まっているのだろうか。なお、現在は、多少形や大きさが変わっているものの、同じ場所に同様の鉢が設置されている。

42 脇目も振らず、絵付けに取り組む少女たち

Pretty factory girls decorating cheap pottery for the foreign markets, Kyoto, Japan

撮影：Herbert G. Ponting（Underwood & Underwood, 1904）

机の上に置かれた大量の素焼きの陶器に絵付けする京都の少女たち。手前の机の絵付け済みの品物を見ると、かなり派手な絵が付けられているようだ。裏面の解説によれば、これらの陶器は海外での販売のみを目的としたものだという。熟練の職人による長時間の作業によって生み出された、日本人の目に叶うようなデザインの陶器に対して、これらの陶器は人件費の低い少女たちを雇うことで大量に生産され、安値で海外へと輸出されているとする。

また、少女たちの中には、小学校を出た者もいれば、そうでない者もいるという。というのも、当時の小学校は無料ではなく、大家族で子どもが多くいる家では、年間 1 円（当時のレートで 50 セント）を用意することが困難な場合もあったと述べている。

彼女たちの休日の楽しみは、花の咲く寺院の庭園を訪れたり、屋台のお菓子を食べながらおしゃべりすることであり、ボーイフレンドとのデートは必要なかったそうだ。なぜなら、彼女たちの結婚相手は、工房の年長者がふさわしい男性を見つけてきてくれるからだと記されている。

43　農家の前で芸を披露する門付芸人

Pilgrim beggars beating little songs - house covered with drying corn, near Lake Kawaguchi, Japan

撮影：Herbert G. Ponting（Underwood & Underwood, 1904）

縁から垂直に立ち上がり、妻で折れた独特の笠を被る男女の二人組。彼らは腰に鉦をさげ、手には鉦を叩くバチを持つ。裏面の解説では、彼らは富士山への巡礼者だとするが、その格好から察するに、「門付」と呼ばれる芸能者と思われる。門付は、太々神楽や獅子舞、猿回しをはじめとして、全国各地を旅しながら様々な芸能を門口で披露し、それに対して金品を受け取り生計を立てていた人々の総称で、写真の男女は、鉦を叩いて経文を唱えるという芸を披露しながら、河口湖近郊へ訪れていたのだろう。

彼らの背後の家屋の壁には、大量のトウモロコシ（蜀黍）が干されている。河口湖周辺にトウモロコシが導入されたのは明治 25 年（1892）以降のことであり（堀内　眞『山に暮らす　山梨県の生業と信仰』2008）、この写真が撮影された 1900 年頃には、すでに主要な作物の一つとして広く定着していた様子が窺える。なお、この地域周辺には、正月 15 日に一年の気候や作物の豊凶を占う「筒粥」という神事が伝承されており、トウモロコシもその占いの対象作物となっている。

44　お祝いの食事をとる芸者見習いの少女たち

Charming Geishas at dinner - the correct serving of a Japanese meal, Tokyo, Japan

撮影：江南信國（Underwood & Underwood, 1904）

お茶屋の一室で食事をとる芸者の女性たち。奥の3人はまだ年端も行かない少女のように見える。まだ見習いとして芸を磨いている時期だろうか。塗りの折敷（おしき）には、飯・塗りの椀に入った汁のほかに4皿の料理が載せられていることが確認できる。裏面の解説によると、魚の煮付けといくつかの野菜（漬物か）、そして餅（rice-cake）であるという。普段の食事として、こうした懐石料理のようなしつらえの料理を食べていたとは考えにくく、さらには、女性たちも普段着ではないことから、奥の3人の少女に対するなんらかのお祝いの席とも考えられよう。

また、解説では、少女たちは7、8歳の時から見習いとして働き、客に歌や踊りなどの芸を披露するために、お茶屋の先輩芸者から日々厳しい訓練を受けていると記す。その厳しさはヨーロッパの音楽学校やバレエ学校に匹敵するものであったという。

45 伊香保温泉の石段街に集う人々

Main Street (of stairs) up steep side of Mt.Haruna (S.W.) at famous village of hot springs, Ikao, Japan

撮影：Herbert G. Ponting（Underwood & Underwood, 1904）

日本を代表する郷土かるたである上毛かるたで「日本の名湯」とされる伊香保温泉（群馬県）。その伊香保温泉のメインストリート、石段街で撮影されたもの。写真右側に写る温泉宿「町田健三郎」の前には、天秤棒で荷物を担いだ振売と思われる男性が写る。湯治客の求めに応じて様々な品物を売り歩いていたのであろう。

裏面の解説では、写真左手前に写る街灯についての言及が見られる。伊香保温泉も京都と同じオイル灯が用いられ（No.7 参照）、温泉宿の店先にかけられている提灯よりもはるかに周囲を明るく照らしているという。そして、この写真が撮影された数年後の明治 41 年（1908）には水力発電による電力供給がおこなわれることとなり（島田斉胤『伊香保案内』1908）、温泉街の情景も大きく変化したことだろう。

また、解説では、日本人の女性は、外国人女性が着用する体のラインを強調するような服装にショックを受けているのにもかかわらず、快適さや便利さを求める場合においては服を脱ぐことに躊躇いがなく、平気で混浴している様子が西洋とは全く異なっていると指摘している。

46 大谷川の並び地蔵を拝む少女

Peasant praying before long row of images of the God of Light - So bank Daiya river (E.), Nikko, Japan

撮影：Herbert G. Ponting（Underwood & Underwood, 1904）

中禅寺湖に端を発し、日光を流れる大谷川。その流域の小渓谷、憾満ヶ淵の並び地蔵（化け地蔵）に祈りを捧げる少女。少女の背中の背負子には、ずっしりと重そうな薪が見える。囲炉裏や竈に焚べる薪を拾いに行った帰りだろうか。裏面の解説には、この写真は少女にポーズを取ってもらったのではなく、少女の自然な祈りの姿を撮影したものだという。そのためか、このセットの解説には珍しく、「彼女の真剣な動きを鮮明に撮影するのは大きな困難が伴った」と、撮影者であるポンティングのコメントも掲載されている。また、こうした祈りの姿は日本人にとっては日常的なものであると述べ、日本人の信仰についてより詳しく知るための書籍として、明治 20 年代に駐日英国公使を務めたヒュー・フレイザーの夫人、メアリー・フレイザーの『*Letters from Japan*（日本からの手紙）』などが挙げられている。

なお、並び地蔵は、かつては 100 体ほどあったとされる。明治 35 年（1902）の足尾台風により大谷川が増水し、その一部が流失したが、現在では 70 体ほど残されている。この写真はその台風の翌年に撮影されたものである。

47 山駕籠（やまかご）に乗って大谷川（だいや）を渡る女性

Japanese lady in a yama-kago (mountain chair) crossing the torrential Daiya river near Nikko, Japan

撮影：Herbert G. Ponting（Underwood & Underwood, 1904）

中禅寺湖に端を発し、日光を流れる大谷川（だいや）の急流に架けられた木橋を山駕籠（やまかご）に乗って渡る女性。日光東照宮が建立されてから、日光は多くの人々が訪れる場所となったが、明治時代以降は風光明媚な中禅寺湖、あるいはさらに奥の湯元温泉まで足を伸ばす人々も増加した。しかしながらその行程は長く、簡単な旅ではなかったため、この写真が撮影された1900年頃には、徒歩以外の交通手段として、写真のような山駕籠や人力車が存在していた。

人力車については、山を登っていくことになるため、1人で車を引くのではなく、2人で車を引く形となっていた（佐藤一誠『日光』1902）。一方、山駕籠は前後2人で担ぐことが一般的であるが、倍の値段を払えば、4人で担ぐ「椅子駕籠」というものも利用できたようである（大沢璋次『日光新誌』1917）。裏面の解説では、山駕籠は背が小さく正座に慣れている日本人にとっては快適なものであるが、体格が良く、正座にも慣れていない欧米の人々にとって、山駕籠に長時間耐えることは非常に困難だと述べており、こうした外国人に向けて、4人の担ぎ手が必要だが、座りながら乗ることができる椅子駕籠が開発されたのであろう。

48　東海道の松の下で一息つく職人

Wayfarers resting under the pines at Suzukawa - west along old post road from Tokyo to Kyoto, Japan

撮影：Herbert G. Ponting（Underwood & Underwood, 1904）

鈴川は駿河湾の最奥部、現在の田子（たご）の浦港（静岡県富士市）の東に位置する集落。江戸時代初期に徳川家康により街道としての東海道が整備された際に、吉原宿が設置された場所の隣接地にあたる。この宿場は、日本三大急流の一つとされ、駿河湾に流れ込む富士川からの流出土砂が堆積した砂州に接していたことから、たびたび風塵や高波の被害を受け、設置から 40 年ほどで内陸へと移転している。しかし、宿場が移転したといえども、東海道の街道沿いであったことは変わらず、多くの人とモノが往来した場所であった。

写真はその街道の情景を撮影したもので、素肌に半纏（はんてん）、膝までの股引（ももひき）姿の手前の人物は、何かの職人のように見える。中ほどに写るのは親子あるいは兄妹だろうか。その奥の左側には、写真撮影を見物していると思われる人々。さらに奥の家屋の前には、馬を引いて何かを運搬していると思われる様子が写る。明治 22 年（1889）には東海道に沿うように敷設された東海道本線の鈴川停車場（現吉原駅）が開設されたものの、人とモノが行き交う動脈としての東海道の姿はすぐには失われなかったのである。

49 昼下がり、夢の中にいる女性

Girl sleeping between wadded futons with head on a wooden support - Tea house, Hikone, Japan

撮影：Herbert G. Ponting（Underwood & Underwood, 1904）

この写真のモデルとなった女性は、「およなきさん」と呼ばれた芸者。個人名が裏面の解説に記されるのは珍しい。また、彼女は実際に寝ているのではなく、ステレオ写真を楽しむ人々のために、日本の女性が寝ている姿のポーズを取っているという。その寝姿に注目してみると、結(ゆ)った髪を崩さないように、木製の台の上に「くくり枕」と呼ばれる小さな枕を首筋に置いて寝ていることがわかる。これは箱枕(はこまくら)あるいは、その台が弓道の的(まと)を掛ける盛土、いわゆる垜(あずち)に似ていることから垜枕と呼ばれるもので、現在と違い、毎日洗髪する習慣がなかった当時の人々にとっては、無くてはならない道具の一つであった。また、清潔を保つために、くくり枕には和紙を巻き、毎日取り替えられていた。

女性の枕元には、手提げ付きの煙草(たばこ)盆が置かれている。この写真が撮影された1900年頃の日本ではすでに紙巻煙草の販売もおこなわれていたが、当時はまだキセルで刻み煙草を吸うという喫煙形態が主流であった。

50 臥牛の銅像に願掛けする老女

Devout woman stroking a bronze bull to cure rheumatism - Kitano Tenjin temple, Kyoto, Japan

撮影：Herbert G. Ponting（Underwood & Underwood, 1904）

京都北野天満宮の境内。年老いた女性が、表参道に安置された牛の銅像を撫でている。北野天満宮には、伏せた牛、いわゆる臥牛の銅像や石像がいくつも奉納されている。その理由は諸説あるが、天満宮の祭神である菅原道真が丑年生まれであるということや、菅原道真が亡くなった後、遺体を運ぶ車を曳く牛が座り込んで動かなくなった場所で埋葬されたといった逸話から、いつしか神の使いとして考えられるようになったという。また、この牛は撫でることで御利益があるとされ、写真の女性は自らの腰あるいは足の痛みを和らげるために、臥牛を撫でているのだろうか。

また、臥牛の基礎石には、「奉納」、「京丸講」という文字が確認できる。この京丸講という講は、菅原道真に対する信仰を共有する宗教的な集団である天神講だと考えられ、深い信仰の証として、この像を奉納したのであろう。天神講の行事は、菅原の道真の月命日である25日を開催日とする場合が多く、こうした行事の際に少しずつお金を積み立てておき、銅像の製作費に当てたものと思われる。

51 御室御所を参詣する女性たち

Women pilgrims (making a tour of famous shrines) on steps of Omuro Gosho monastery (east,) Kyoto, Japan

撮影：Herbert G. Ponting（Underwood & Underwood, 1904）

京都仁和寺（御室御所）を参詣する女性達。裏面の解説には、階段の左手に本堂（金堂）があるとすることから、仁王門から境内に入り、中門を過ぎたあたりで撮影されたものか。また、仁和寺境内の建造物は、明治 20 年（1887）の火災によりその大半が失われてしまったが、この写真の撮影時（明治 36 年）には、重要なものは再建されているとある。

解説において、旧約聖書に登場する女性の預言者であり、イスラエルの母とも呼ばれたデボラになぞらえられた女性の参詣者たちは、祈りを捧げるために本堂に向かい、その後、僧侶から納経帳（朱印帳）に朱印を捺してもらうという。また、各地の社寺で集められた朱印は、巡礼の記録となるとともに、巡礼が終わっても大切にされたと記される。かつては、こうした朱印帳・納経帳を持つ女性は健康であり、忍耐強く、そして信仰が深いということを示す証拠として歓迎されたため、嫁入り前に巡礼をさせるという習俗が見られた地域もあった（前田 卓「西国巡礼と四国遍路の再考察と現在の巡礼者の動き（その１）」1990）。

52 御室御所の桜を愛でる僧侶と母娘

A family of middle-class picnicking under the cherry blossoms, Omuro Gosho (E. To pagoda), Kyoto, Japan

撮影：Herbert G. Ponting（Underwood & Underwood, 1904）

京都仁和寺（御室御所）で桜を愛でる家族と僧侶。写真奥には五重塔が写っていることから、仁和寺中門内の西側一帯に植栽された「御室桜」と呼ばれる桜の林の中で撮影されたものであろう。御室桜は、江戸時代の中頃から各種の紀行文や地誌に取り上げられ、多くの鑑賞者を集めていた。御室桜は矮性（小型のまま成熟する）で、根元より数十の枝が別れ、ツツジのような変わった形態を持つことが特徴であり、大正 13 年（1924）に国の名勝に指定されている（京都府『京都府の史蹟名勝天然記念物』1935）。

裏面の解説では、当時の日本人男性の父親としての態度についての言及が見られる。まず、父親は妻や娘を誇りに思っているが、他人にそのことをみだりに伝えたりはしないという。また、娘たちには愛情深く接し、人形や本、習い事にはお金を費やすが、彼女たちにおやすみのキスをすることはない。なぜなら、そうした行為は当時の日本人にとって、奇妙な行為だと思われていたからだと指摘する。

53 立ち並ぶ鳥居の下を行き交う人々

Coming and going under long rows of sacred torii, Shinto temple of Inari, Kyoto, Japan

撮影：Herbert G. Ponting（Underwood & Underwood, 1904）

京都伏見稲荷大社の境内、立ち並ぶ鳥居と参詣する人々が写る。裏面の解説によれば、写真左手前で跪く男性は、参拝する人々からの恵みを求める物乞いであるという。また、ポンティングの著作、『*In Lotus-Land Japan*』によれば、伏見稲荷大社には、物乞いだけではなく、易者や玩具売りなどが数多くいたという（易者については No.54 を参照）。

それを示すように、『*In Lotus-Land Japan*』には、この写真と全く同じ場所から撮影した別の写真が掲載されているが、その写真には、物乞いがいる場所に易者、その反対側に籠の鳥を売る老婆が写っている。この老婆から買った鳥は、家に持ち帰って飼うのではなく、その場で逃すという。おそらく、籠の中で囚われている鳥を逃してやるという行為が徳を積むということを意味しており、神社へ来た人々の信仰心をうまく揺さぶることを目的としていたのだろう。ポンティングは、そうした信仰心ではなく、単に鳥が可哀想だということで、老婆が求める 2 倍の料金を支払って、籠の鳥全てを逃したと自らの著作の中で記している。

54　伏見稲荷大社の境内で営業する占い師

Choose a rod from the jar at left and have your fortune told by this seer, Inari temple, Kyoto, Japan

撮影：Herbert G. Ponting（Underwood & Underwood, 1904）

京都伏見稲荷大社の占い師。向かって右側には数冊の本を置き、左側には数十本の竹ひごのようなものが見える。これは筮竹（ぜいちく）と呼ばれる占いの道具である。ポンティングは、自らの著作『*In Lotus-Land Japan*』において、伏見稲荷大社には何人かの占い師がいると述べており、同書にも本写真とは異なる占い師の写真が掲載されている。

当時の日本人にとって占い師は身近な存在であり、恋や病に関する悩みや、旅や商売の吉凶、性格判断、探し物、ありとあらゆる物事についての判断の際に力を貸す存在となっていると指摘する。さらには、ポンティングの友人が日本の占い師のアドバイスにより命を救われたこと、そしてポンティング自身にとっても、自らの訪日の日時を占い師に正確に当てられたという出来事があり、彼らのいうことを無碍（むげ）にはできないと感じていたようである。

55 稲荷祭（還幸祭）で京都のまちを巡幸する神輿

A gay shinto procession carrying sacred objects - east over bridge to Imperial Museum, Kyoto, Japan

撮影：Herbert G. Ponting（Underwood & Underwood, 1904）

5月の初卯の日、伏見稲荷大社の神輿が京都のまちを巡幸する稲荷祭（還幸祭）の様子（現在は5月3日に開催）。稲荷祭は、4月第二の午の日（現在は4月20日に近い日曜日）に伏見稲荷大社から東寺近くの御旅所に渡御した神輿が、再び伏見稲荷大社に戻る祭礼である。写真は、神輿が鴨川にかかる七条大橋を東から西へと渡る様子を写す。鴨川の奥に映る巨大な建造物は、明治30年（1897）に開館した帝国京都博物館（現在の京都国立博物館）。写真裏面の解説によれば、通りを埋め尽くす多くの観客は、思い思いの方法で、自然と先祖に対する崇拝を目的としたこの祭礼を楽しんでおり、そこには穏やかな時間が流れているという。

現在の稲荷祭では神輿がトラックで運ばれるため、写真のように多くの人々が集まる光景は見られなくなってしまったが、この祭りは、京都における春の重要な年中行事の一つとして受け継がれている。

56 埋葬のために墓へと向かう野辺(のべ)送りの様子

Impressive funeral procession of a rich Buddhists, on road to Sakai - looking N.E. to Osaka, Japan

撮影：Herbert G. Ponting（Underwood & Underwood, 1904）

寺院で葬儀の儀式を終えた後、故人の亡骸を墓地（埋葬地）まで運ぶ行列、いわゆる野辺(のべ)送りの姿。駕籠(かご)周辺の白装束の人物は、故人と近しい親族と思われ、灯籠や角塔婆(かくとうば)、榊(さかき)のようなものなどを持つ。ここでは輿(こし)ではなく、駕籠が用いられていることから、遺体を寝かして収める寝棺ではなく、座った状態で収める座棺が用いられていたと考えられる。この写真が撮影された1900年代初頭は、すでに都市部など人口が多い地域は、埋葬場所の不足等のため火葬が導入されていたが、この地域（大阪府堺市周辺）はまだ土葬が行われていたのだろう。

野辺送りは、火葬が広く普及し、また、葬儀社が一般的になった現在ではほとんど見られない風俗であるが、当時は集落総出でおこなう重要な行事の一つであった。そうした背景もあってか、裏面の解説では、この野辺送りの行列は800メートルもの長さであったと記している。

57　広島近郊における旅館の夕食の一幕

"Shall I not take mine ease in mine inn?" - summer evening meal at hotel near HIroshima, Japan

撮影：Herbert G. Ponting（Underwood & Underwood, 1904）

写真のタイトルに「広島」・「銅山」とあることから、金明鉱山（広島市安佐北区）近くの宿屋だと推測できる。夏の夕方ということで、男性の宿泊客は褌一丁で夕食をとる。おかわり用の飯櫃のそばで男性に向かい合い、団扇を持つ仲居さんは、「ねえさん」と呼ばれており、客の世話をするためにひざまづいていると裏面の解説に記される。

塗りの四つ足の膳の上に乗るのは、汁物と魚、そして野菜。手前の盆には、水や食べ物を温めるために炭火の入った陶器、つまり小型の火鉢が置かれていると述べる。現在でいうところの、固形燃料で温める１人用の鍋のような使い方をしたのだろうか。また、男性の隣にある照明器具は、灯油ランプ。アメリカの灯油を燃やして灯りをとっていたという。

58 驚くべき速さでサイベリア号に石炭を積み込む人々

Coaling the Pacific Mail S.S. “Siberia” at the fortified naval station of Nagasaki, Japan

撮影：Herbert G. Ponting（Underwood & Underwood, 1904）

長崎港に停泊するアメリカのパシフィック・メイル社の汽船、サイベリア号。サイベリア号は、香港から長崎、神戸、横浜、そしてホノルルを経由してサンフランシスコを結ぶ太平洋航路に就航していた汽船で、総トン数は 12,000 トンにのぼる（横浜港の氷川丸と同程度）。そして、その速力は現在の客船とそれほど変わらない 20 ノット（時速約 37 キロメートル）であり（昭和館デジタルアーカイブ https://search.showakan.go.jp/ ）、裏面の解説によると、長崎からサンフランシスコまでの所要日数は 14 日から 18 日間であったという。

サイベリア号のそばには燃料となる石炭を積んだバンカー船が係留され、さらにバンカー船からサイベリア号の舷側に梯子がかけられている。そして、バンカー船と梯子には多くの人々が取り付き、バケツリレーの要領で石炭が投入されている。見たところ、女性の割合が多いようだが、裏面の解説には、彼女らの働きは驚くべきスピードであったようで、3 時間 15 分で 1,210 トンもの石炭を積み込んだ記録が残されていることが記される。

59 精進(しょうじ)湖越しに眺める富士山

Snow-capped Fuji, the superb, (12,365 ft.) mirrored in the still waters of Lake Shoji - looking S.E.- Japan

撮影：Herbert G. Ponting（Underwood & Underwood, 1904）

精進(しょうじ)湖越しに眺めた富士山。裏面の解説では、「実際の山から 12 マイル（約 20 キロメートル）も離れた場所でこれほど素晴らしい映り込みを見たことがある人はいるだろうか」と、水面に映る富士山の美しさを讃えている。また、解説は富士山の登山道についても言及しており、複数ある富士山の登山道の中でも、明治 16 年（1883）に開かれた御殿場(ごてんば)口登山道が最も一般的であるとする。その背景には、明治 22 年（1889）の東海道本線の開通と、それに伴う御殿場駅の開設により、関東から富士山へのアクセスが劇的に向上したことが挙げられよう。

また、富士山の火山灰から足を守るために、草鞋(わらじ)のスペアを何足か用意する必要があるといったことや、富士山は聖なる山であるがゆえに、中腹までしか馬に乗って進むことができないといったような記述に加えて、山中には小さな堂舎が数多くあり、そこでは巡礼の記録として衣服に朱印を押すことができるということなどが記される。

これらの情報は、このステレオ写真を見て実際に富士山に訪れたいと考える外国人に向けてのアドバイスの意味合いを持つとともに、現在の私たちが当時の富士登山の状況を知り得るための貴重な素材ともいえよう。

60 本栖湖の松間から眺める富士山

Glorious Fuji, beloved by artists and poets, seen from N.W. through pines at Lake Motosu, Japan

撮影：Herbert G. Ponting（Underwood & Underwood, 1904）

本栖湖畔の松の間から冠雪した初秋の富士山を収めたもの。明治 38 年（1905）に、当時の日本を代表する写真家の一人である小川一真が国内向けに発行したポンティングの写真集『*Fuji San*』にも松の間に写る富士山の写真が 4 枚所収されており、ポンティングが好んだ構図の一つであったことが窺える。

裏面の解説では、富士山の美しさを讃える文章とともに、火山としての富士山の特徴にも触れている。それによると、富士山の火口近くの溶岩は常に熱く、岩の隙間からは蒸気が噴出している場所もあるという。当時、約 13,000 人もの日本人が登山をおこなっていることに触れ、その背景には富士山に対する信仰があることを記す一方で、少し冷ややかな印象で「対照的な裾野を広げる富士山は、その実は爆発的な噴火によって地球の内部の岩石が放出されたものだ」と、富士山は地球の活発な活動によって生まれた山であることも触れている。

61 山頂でお鉢を巡る登山者たち

-3855- Pilgrims, at the end of their weary ascent, in worship encircling the crater of sacred Fujiyama, Japan

撮影：Herbert G. Ponting（Underwood & Underwood, 1904）

富士山頂上の火口の縁をぐるりと一周する「お鉢巡り」をおこなう人々を捉えた写真。江戸時代の記録類によれば、頂上の噴火口は神仏が座す内院（ないいん）と呼ばれ、その周囲を巡ることが修行の一つとされていた。しかしながら、本写真が撮影された同時代の登山案内（小杉菜花『富士登山』1919、木本初蔵『富士登山の栞』1914 など）によれば、修行という要素の説明は見られず、レクリエーションとしてのお鉢巡りが強調されている。

彼らの装束に注目してみると、学生服姿も見られるが、上記の『富士登山』には「洋服より浴衣一枚が軽便である。股引（ももひき）に脚絆草鞋（きゃはんわらじ）、軽い茣蓙（ござ）を着て編笠（あみがさ）を冠（かぶ）れば立派な服装である。」とあり、そうした格好の人物が多い。前から 2 人目の人物は、防寒用と思われるやや厚手の着物を着用しているが、登山シーズンであっても、気象条件や標高によって気温が大きく変わる富士山においては、道中の小屋や室で綿入の着物を貸し出すサービスが存在していたことが各種登山案内に記されている。また、中央で折れた編笠（鳥追笠もしくはボッチ笠か）をかぶる人物が確認できるが、当時の富士登山においてこの形態の笠を身につけるのは、御殿場（ごてんば）口登山道を利用した人々に特徴的に見られた風俗である。

62 山頂火口を覗き込む人々

Peering from the lava-encrusted rim down into sacred Fujiyama's vast, mysterious crater, Japan

撮影：Herbert G. Ponting（Underwood & Underwood, 1904）

手前には腰を下ろして火口内部を眺める登山者らしき人物、そして奥には杖で何かを示しながら語り合う強力たち。一番奥に写る人物の半纏の襟には、「東表口組合」の文字が確認できることから、明治 16 年（1833）に実業家・伴野佐吉らによって開かれ、明治 22 年（1889）の東海道本線国府津駅－浜松駅間の開通により、関東からの多くの登山者を集めた御殿場口登山道の強力であることがわかる。

当時の登山の履物が草鞋であったことが写真からもわかるが、登山中に草鞋が破損することが度々あるため、明治 28 年（1895）に望岳楼主人が記した『富士登山案内』には、登山者の注意として草鞋は 5 足程度用意すべきとある。このように複数の草鞋を用意して登山に挑むということは、江戸時代からおこなわれていたようで、享保 18 年（1733）に富士山に登った大坂の文人・中谷顧山の紀行文『富嶽之記』には、麓で草鞋を 15 足用意しており、下りの砂走りでは 2、3 足の草鞋を重ね履きして駆け下りる様子が記される。あらためて写真の登山者の足元に注目すると、草鞋を重ねて履いているように見える。登頂を果たし、下山の準備を終えたその時に撮影されたものだろうか。

63　富士山頂から山中湖を望む

Two mile above the clouds - from summit of Fujiyama N.E. over Lake Yamanaka, 10 miles away, Japan

撮影：Herbert G. Ponting（Underwood & Underwood, 1904）

富士山の山頂から下界を望む一人の男。雲の隙間からは富士五湖の一つ、山中湖が見える。その角度から察するに、富士山の東から南東にかけての斜面で撮影されたものである。男がかぶる編笠(あみがさ)の特徴から、御殿場(ごてんば)口登山道を利用した人物の可能性が高い。裏面の解説では、この男は信仰目的のために富士山に登った登山者であるとするが、腹掛を身に付けたその姿からは、そうした登山者を案内し、時には荷物も担いだ強力(ごうりき)といえよう。

また、解説には、明治 5 年（1872）に解禁された富士山の女人禁制(にょにんきんせい)についての言及も見られる。それによると、女人禁制の理由として、富士山の神が女性を嫌っているために山頂に近づくことができないとするが、それを気にせず冒険する女性がいたという。具体的な人名についての記載は見られないが、江戸時代に富士山に登った女性として知られる高山たつや、慶應 3 年（1867）に外国人女性として初めて富士山に登ったとされるパークス夫人の逸話を念頭に置いたものだろうか。

64 熊本水前寺公園の見立て富士

Crossing the lake on stepping stones (N.E. to model of Fujiyama), Suizenji Park, Kumamoto, Japan

撮影：Herbert G. Ponting（Underwood & Underwood, 1904）

肥後細川家の初代細川忠利が茶室を設け、三代目細川綱利の代に整備された桃山式庭園の水前寺成趣園（じょうじゅえん）の湧水池で遊ぶ人々。奥に見える築山（つきやま）は、その形の通り、「富士山」と呼ばれており、裏面の解説にも「聖なる山、富士山の人工的模型」であると記される。さらには、現在はこの築山に登ることは禁じられているが、解説には「頂上に至る道を登ると、平坦部にはクレーターがあり、実際の富士山の登山者のように火口の周りを一周することができる」とある。また、「日本人は様々な場面で富士山を描くことを好むが、それと同じように富士山を模したものを喜んで作っている」と記している。

解説にあるように、江戸時代には富士山を模した富士塚と呼ばれる構造物が江戸を中心に盛んに作られたほか、明治から大正時代にかけては、博覧会などで模造富士が作られていたことを当時の絵葉書などから知ることができる。さらには、日本各地には富士山に似た形態を持つゆえに「○○富士」と呼ばれる山、いわゆるふるさと富士（郷土富士）が存在しており、富士山は多くの日本人にとって憧れの対象であり続けているのである。

65 富士山麓の神社で寛ぐ富士講の講員

Japan. The Interior of the Temple Fujiyama on Mt.Fuji

撮影：江南信國（Sears Roebuck & Co., 1895-1900）

Terry Bennet の『*Old Japanese Photographs: Collectors' Date Guide*』によれば、No.65 から No.72 の 8 枚を含む 100 枚のセットは、明治 28 年（1895）から明治 33 年（1900）にかけて Sears Roebuck & Co. から出版されたリトグラフ。明治期に活躍した写真家である江南信國（えなみのぶくに）のモノクロ写真をもとにして、シアン・マゼンタ・イエローの 3 色を用いたフルカラー印刷である。しかし、実際の色情報は伝えられぬままに、印刷に関わる技術者が持っていた日本のイメージに基づいた色再現がおこなわれ、極彩色の世界が生み出されたのであろう。

本写真の中には多くの文字情報があるが、彩色の過程で多くの文字が潰れており、場所の特定は困難である。しかしながら、白衣と思われる装束を身につけた人物の姿、大きく名前が染め抜かれた布状の物などから、写真の一行は、富士山に対する信仰をもとに組織され、富士山に参詣することを大きな目的の一つとしていた富士講に関係する人々であり、富士山への参詣の道中に立ち寄った社寺にて撮影されたものと考えられよう。

66 山頂で一息つく登山者たち

Japan. At the Top of Fujiyama, Inside Kenganune Crater

撮影：江南信國（Sears Roebuck & Co., 1895-1900）

山頂で休憩する登山者たち。奥に見える稜線から飛び出た岩は、山頂の剣ヶ峰と白山岳の間にある雷岩。その見え方から、登山者たちが一息ついているのは、現在の吉田口／須走（すばしり）口下山道の入り口付近の山小屋、山口屋近辺だろうか。彼らの背後の岩室の屋根には、風速計と思しき計器が見える。

富士山頂での気象観測といえば、明治 28 年（1895）、私財を投じて剣ヶ峰に観測所を設置し、初の越冬観測に挑んだ野中 至・千代子夫妻がよく知られているが、初の公式観測としては、明治 22 年（1889）8 月 1 日から 9 月 7 日にかけて、中央気象台の中村精男・近藤久二郎が実施したものとなる（中央気象台『富士山頂気象観測報告書』）。この際、山口屋の室の一つが臨時観測所として使用されたが、以降の夏季観測も山口屋周辺で実施されていたことから、本写真に写る機器は、こうした観測に用いられたものとも考えられる。

67 北口本宮冨士浅間神社の参道

Fujiyama, Japan. A Temple Near the Foot of Mt.Fuji

撮影：江南信國（Sears Roebuck & Co., 1895-1900）

北口本宮冨士浅間神社（山梨県富士吉田市）の境内に立ち、こちらを見つめる富士講の講員。参道の奥には、北口本宮冨士浅間神社の大鳥居と、元文元年（1736）建立の随神門が見える。約 300 メートル続く参道の両脇に立ち並ぶ 182 基の石灯籠は、富士講の歴史において重要な指導者の一人である村上光清が率いた講中が、享保 20 年（1735）から宝暦 6 年（1756）にかけて奉納したものである。石灯籠だけではなく、村上光清は同時期に私財を投じて、北口本宮冨士浅間神社の幣殿、拝殿、神楽殿、手水舎、随神門を造営しており、それらの建造物はいずれも国指定の文化財となっている。

なお、北口本宮冨士浅間神社は、富士山の登山道の一つ、吉田口登山道の起点となっており、本殿に向かって右側にある西宮の後方には登山門がある。写真に写る講員たちもこの登山門をくぐって富士山への歩みを進めたのだろう。

68　北口本宮冨士浅間神社の拝殿

Front view of ancient temple at Fujiyama, Mt.fuji, Japan

撮影：江南信國（Sears Roebuck & Co., 1895-1900）

タイトルには「古代の寺院」とあるが、本写真に写る建造物は、富士山の吉田口登山道の起点である北口本宮冨士浅間神社の拝殿である。写真が撮影された当時とほぼ変わらぬ姿で現存する拝殿は、江戸時代中期に富士講の指導者の一人である村上光清が造営した建造物群の一つで、現在は国指定の文化財となっている。

裏面には、欧米人に向けた神道の解説が掲載されており、それによると神道には、キリスト教やイスラム教に見られるような一般の人々が参加するような定期的な礼拝はほどとんど存在せず、一般の人々と神主を見分けることが困難であるという。また、神主は結婚が可能で、神主を辞めて他の職業につくことも可能であると指摘する。さらに、神道においては、亡くなった人は無になるのではなく、存在し続けていると信じられているが、死後の世界で罰を受けたり、極楽へ行くというような考えは有していないとする。

69 富士山へ参詣途上の富士講の講員

Fujiyama, Japan. View of Mt.Fuji from the Railway

撮影：江南信國（Sears Roebuck & Co., 1895-1900）

富士山を背景に、石灯籠をはじめとする石造物が立ち並ぶ場所でこちらを見つめる人々。裏面の解説ではこれらの人々や場所に関する説明がなされていないため、詳細は不明だが、その格好からして、富士山へと向かう人々の姿であろう。また、石灯籠の基壇に腰掛ける子供は、本写真と同じセットにある No.65 や No.67 にも写っている子供と同一人物とも考えられ、そうであるならば、山梨県側から富士山へと向かう道中のどこかで撮影されたものだろう。

なお、解説では、主に火山としての富士山の特徴について記されているが、当時の火口の脇で蒸気を噴出する場所が 1 箇所あり、その周辺の軽石は熱を持っていることから、活動中の火山であることを指摘する。また、富士山の溶岩は多方面に流れていると述べ、その先端部の地名のひとつとして山頂から直線距離で 12 マイル（25 キロメートル）離れた「松野」の名前を挙げている。距離から察するに、この松野とは、富士山の南西部、富士川沿いにいくつかの溶岩の路頭が確認されている現在の富士市松野のことを示しているのだろうか。

70　富士山の山頂付近で休憩する登山者たち

Japan. The Rough Trail Across the Lava Fields of Fujiyama

撮影：江南信國（Sears Roebuck & Co., 1895-1900）

富士山の山頂付近で休憩する登山者たち。裏面の解説では、富士山は中腹まで馬に乗って移動することができ、また、よじ登らなくてはいけない岸壁や下草などの障害物がないため、他の多くの山よりも簡単に登ることができるとする。ただし、登山に適した時期は夏のみであり、冬は積雪のために登山ができないと指摘する。その積雪の様子について、明治 20 年代に来日し、福沢諭吉の援助を得たイギリスの新聞記者であり文学者のエドウィン・アーノルドが残した「富士山は、一晩で大量に大量に雪が降り、女性のシュミーズを上から落としたごとく雪化粧をする」という言葉を引用している。

また、富士山は日本の人々の心に深く根付いており、それぞれの地域にある富士山に似た形の山に、富士の名前をつける、いわゆるふるさと富士（郷土富士）が数多く見られることについても言及している。

71 富士山中の茶屋で寛ぐ富士講の講員

Japan. Stone Lantern at the Entrance to Temple of Fujiyama

撮影：江南信國（Sears Roebuck & Co., 1895-1900）

腰の高さほどある巨石にうまく乗るように基礎が加工された石灯籠とともに、店頭に吊るされた色とりどりの布が目を引く一枚。この布は、マネキと呼ばれるもので、富士山に対する信仰をもとに組織され、富士山に参詣することを大きな目的の一つとしていた富士講という組織によって作られた。彼らは、富士山への参詣の際、道中で立ち寄った馴染みの茶屋や宿などに自らの組織の名称や講のマーク（講紋）を染め抜いたマネキを奉納した。マネキを奉納された茶屋や宿では、店先にそれらを掲げることで、多くの講に贔屓（ひいき）にされていることを示していたのである。

この写真では、マネキに記された情報がいくつか確認できる。たとえば、左側の白装束の人物の背後のマネキに染め抜かれた「舍」は、山吉（やまきち）講の講紋。さらに「深川」という文字も確認できることから、このマネキは、文化・文政期に江戸渋谷の道玄坂で組織された山吉講の枝講として江戸深川で活動した講中によるものとわかる。また、中央に見える「柏甚」であるが、吉田口登山道の三合目に存在した山小屋の一つ、はちみつ屋に残された神前幕や三方にも同じ名が確認でき、日本橋横山町の講中により奉納された可能性が高く（富士吉田市『富士吉田の富士山信仰用具調査報告書』2020）、この写真も三合目で撮影されたものといえよう。

72 富士山頂から眼下の雲海を望む

Japan. View above the clouds from Fujiyama

撮影：江南信國（Sears Roebuck & Co., 1895-1900）

山頂付近から眼下の雲海を眺める登山者たち。写真では雲に隠れているが、裏面の解説では、東・北・西の三方向の雲の下には、山・川・湖・町が見える平野が広がり、南方向の雲の下には太陽に輝く海が広がっていると記す。また、写真の登山者たちは、世界でも類を見ない素晴らしさを持つ富士山の日の出と日没を見るために、山頂付近で一夜を過ごすとする。

さらには、富士山の「合目（ごうめ）」の由来についても言及している。それによると、富士山は米を積み上げたような形をしていることと関連して、米を計る単位である「升（しょう）」の十分の一の分量である「合（ごう）」にちなみ、馬で入ることができる限界から山頂までの区間を10の「合」に分けていると指摘している。こうした解説を記載するにあたっては、現地での記録だけではなく、日本人からの聞き取りや文献の調査などもおこなわれていたことが想像できる。

73 登山道で談笑する登山者たち

Japanese Tourists climbing up Mt.Fuji

撮影：江南信國（Griffith & Griffith, 1895-1900）

富士山の登山道で休憩をとりながら談笑する人々。人々の装束に注目すると、小杉菜花の登山案内書である『富士登山』(1909）に記載された、「洋服より浴衣一枚が軽便である。股引に脚絆草鞋、軽い茣蓙を着て編笠を冠れば立派な服装である。」というアドバイスに忠実に従っている様子がわかる。また、足元は足袋に草鞋というスタイルであり、これも多くの登山案内書に記された方法である。

なお、Terry Bennet の『*Old Japanese Photographs: Collectors' Date Guide*』によると、この写真を含む 50 枚のリトグラフで構成された Griffith & Griffith のセットは、同時期のリトグラフの中でも最も優れたセットとされる。確かに、No.65 から No.72 の Sears Roebuck & Co. のセットと比較すると、スクリーンが細かく、忠実に色再現がおこなわれている。本写真の色再現を行うにあたっては、本写真を撮影した江南信國や、現地を見ている人物からの入念な聞き取りや、モノクロ写真に手彩色を施した横浜写真といった関連する資料からの情報収集がおこなわれたものと考えられる。

74　雪が残る富士山の急斜面を登るポンティング一行

Ascending the steep snow-covered Upper Slopes of Fujiyama (12935ft) S. To Suruga Bay, Japan

撮影：Herbert G. Ponting（H.C.White Co., 1905）

急斜面の雪面を登る5人の人物。洋服を着た先頭の人物は、その容貌から察するにポンティング本人の可能性が高い。ポンティングと思われる人物から1人挟んで、3人の強力（ごうりき）が続く。ポンティングの著作『*In Lotus-Land Japan*』によれば、明治36年（1903）9月4日に強力3人を雇って、御殿場口登山道で富士山に登ったとあり、その際に撮影されたものだろうか。また、同書にはこの時の登山に東京の若い日本人画家が同行していたとある。当時の御殿場駅周辺で営業していた旅館富士屋のものと思われる着物を身に纏い、編笠を被る人物がその画家とも考えられる。

なお、明治30年（1897）に出版された上木浩一郎の『富士登山案内』には、当時の登山にかかる諸費用についての記述があり、それによると、ドテラ賃料4銭、弁当10銭（強力分も負担する）、草鞋（わらじ）10足50銭（強力分含む）、強力代1日70銭（強力1人につき客は5人まで、強力1人が背負う荷物は約11kgまで、登山後に酒代として20～30銭振舞うこと）などとある。当時も登山にはそれなりの経費がかかったようである。

75 富士山頂から山中湖を望む

Japanese Tourists climbing up Mt.Fuji

撮影：Herbert G. Ponting（H.C.White Co., 1905）

強力と思しき人々が富士山頂から眼下の山中湖を見つめている。ポンティングの著作『*In Lotus-Land Japan*』に掲載された口絵と同じ人物が写っていることから、明治37年（1904）の富士登山の際に撮影されたものと考えられる。

同書によると、その1年前の明治36年の富士登山の際、ポンティングは御殿場口から登頂を果たし、吉田口に向けて下山を始めたが、下山の道中から見える山中湖の美しさに魅了されて、途中から登山道を離れて直接山中湖へと向かうことを希望したという。強力たちが「それは非常に危険だし、第一、道がない」と反対したのにもかかわらず、彼はその反対を押し切って山中湖へ向かったが、道に迷い、悪路ゆえに捻挫をしてしまうという散々の結果になってしまった。なんとか吉田の町へと至る道を見つけ、這々の体で吉田へとたどり着いたポンティングは、決して道を踏み外したりせずに、正規の下山道を下ろうと心に誓ったという。

76　富士山頂から本栖湖を望む

Two miles above the clouds, northwest from Summit of Fuji towards distant(12 miles)Lake Motosu, Japan

撮影：Herbert G. Ponting（H.C.White Co., 1905）

No.75と同じく、明治37年（1904）の富士登山の際に撮影されたものか。二人の人物が富士山の山頂火口の稜線から飛び出た巨岩の上に立つ。この巨岩は、山頂の北西部に位置する雷岩だろうか。明治13年（1880）に木戸野勝隆が記した山頂の案内書、『富士山頂独案内』によれば、江戸時代の文化年間の頃、この岩より雷鳴が発し、雷獣が出現したのとの伝承があるという。

ポンティングの著作『*In Lotus-Land Japan*』によると、ポンティングは明治37年の登山の際には、8月3日から6日にかけて、山頂に4日間滞在している。最初の3日間は、天候が悪く、また、頭痛に悩まされてほとんど外に出ることができなかった。しかし、最終日には天候に恵まれ、山頂の火口を一周するお鉢巡りと写真撮影を実施しており、雷岩についての言及も見られる。また、山頂の滞在中にポンティングは日本各地の聖地を巡礼している70歳を超える老婆と会話を交わしているが、彼女が神仏から功徳（くどく）を受けるために、麓から頂上まで7日かけて登ってきたという話に感銘を受けている。

77 吉原湊から富士山を望む

Fuji-Yama The World-renowned Sacred Mountain of Japan

撮影：不明（Keystone view company, 1901）

吉原湊から冠雪した富士山を眺めた写真。No.78、No.79と同じ構図である。水上には、物資を運搬したと思われる帆船が写る。

吉原湊は、富士山の南部における水上交通の拠点の一つであり、江戸時代には、伊勢や紀州、遠くは瀬戸内の旅船や、近隣の遠州や伊豆の船が入湊し、海産物やこの地域では得ることができないものが陸揚げされ、富士山の木材や木炭、米などが積み出されていた（鈴木富男『東海道吉原宿』1995）。しかし、幕末から明治時代初期にかけては、この湊に流れ込む河川の土砂の堆積や、高潮による湊口の閉塞という災害のため、湊としての機能が低下していた。それゆえに、明治19年（1886）に、高潮による海水の流れ込みを防ぐ第二次石水門（せきすいもん）（通称、六ツ眼鏡）が築かれ、湊の機能が維持されたのである。当時は、魚類や石炭、肥料などが、写真に写るような帆船で吉原湊に持ち込まれ、そこから小さな船に積み替えて内陸へと運搬されていた。

78　帆船が進む吉原湊と雲に隠れる富士山

Beloved of Artists and Poets - Snow-capped Fuji, the Sacred Mountain of Japan

撮影：不明（Keystone view company）

富士山の大沢崩れに端を発した潤井川（うるい）と、浮島（うきしま）ヶ原の東から西へと流れる沼川が合流し、駿河湾に流れ込んでいた吉原湊（小須（おす）湊とも。現在の田子（たご）の浦港付近）から冠雪した富士山を眺める。この風景は、昭和30年代の田子の浦港の開発により失われてしまったが、東海道沿いの絶景の一つとされ、明治時代から昭和初期にかけて、数多くの写真が遺されている。また、明治天皇の皇后、昭憲（しょうけん）皇太后もこの風景を気に入り、明治時代後期に行啓を繰り返した。その回数は6回にも及び、明治40年（1907）の行啓の際には、「みちすがら心にかけし雲はれて雪さやかなる富士を見るかな」という歌を詠んでいる（打越孝明『昭憲皇太后の御生涯』2014）。

裏面の解説では、並外れたプロポーションと対称性を持つ富士山は、世界の中でも最も美しい山の一つであり、詩人をはじめとする芸術家に愛されてきたと記す。また、富士山が一夜にして出現し、それと同時に琵琶湖ができたという、人々の間で言い伝えられてきた富士山の縁起の一つを取り上げている。この縁起は、外国人にとって興味を惹かれる内容であったようで、江戸時代から明治時代にかけて日本に訪れた欧米人の紀行文の多くに取り上げられている（吉田 信「富士山と琵琶湖についての言い伝えをめぐって」2013）。

79　吉原湊の渡船と霞む富士山

Snow-capped Fuji, the Sacred Mountain of Japan

撮影：不明（Keystone view company）

No.78 と同じく、吉原湊から冠雪した富士山を眺めた写真。水上には、帆船とともに、乗客をのせた小型の船が写る。

江戸時代から明治初期までは、吉原湊よりも内陸側を通る東海道が主要な街道であり、東海道の宿場の一つ、吉原宿がこの地域の交通と物流の拠点となっていた。しかしながら、明治 4 年（1871）に明治政府が宿場伝馬（てんま）制度（各宿場で物資の運搬等に人や馬を用意し、提供する制度）を廃止したことで、内陸側の吉原宿を通過する必然性がなくなり、より直線的な経路として、吉原湊を越えるルート、いわゆる便道が明治 6 年（1873）に設けられた。当初は木橋が架けられてれていたが、高潮によって破壊され、船渡しとなった。写真に写る小舟は、吉原湊を渡る人々の姿の可能性が高い。

ただし、この写真が撮影されたと考えられる 1900 年頃には、すでに東海道線が運行されており（明治 22 年（1889）開通）、人々の流れは鉄道へと移行していた。おそらく、地域住民の簡易な交通手段として渡船が残されていたのであろう。

80　山中湖上からの富士山

Fuji from Yamanaka lake, near Gotenba

撮影：不明

山中湖の湖上にたたずむ一艘の船と富士山を望む。山中湖は、延暦（えんりゃく）19 年～ 21 年（800 ～ 802）に起こった富士山の噴火、いわゆる延暦の噴火の際の溶岩流によって桂川（相模川）が堰き止められたことによって形成された新しい湖であり、在来の魚類は少ないとされる。また、漁業の対象となるワカサギが放流されたのは、大正年間のことだという（齋藤暖生「山中湖のワカサギと東京帝国大学」2019）。それゆえに、この写真が撮影されたと思われる明治中期には、山中湖の漁業は限定的であったと考えられ、この写真の船は漁のためというよりも、湖上の交通に用いられていたものと考えられよう。

また、富士山の裾野に広がる草原は、富士山北側の 11 ヶ村による入会地の一部であり、山菜などの食糧や、燃料となる薪、家畜の飼料となる草などの採集に関して共通のルールが設けられ、共同で管理がされていた場所であり、現在もその形態が受け継がれている。この草原では、土地を肥沃にし、草原から得ることのできる産物の育成や増産を図るための火入れが古くから実施されており、当地の春の風物詩となっている。

著 者 略 歴

井上 卓哉（いのうえ たくや）

1977 年　兵庫県に生まれる

1999 年　関西学院大学総合政策学部卒業

2004 年　京都大学大学院人間・環境学研究科単位取得満期退学

富士市立博物館（富士山かぐや姫ミュージアム）学芸員を経て、現在、静岡県富士山世界遺産センター学芸課准教授。長野県や富士山を中心とした山地の資源利用に関するフィールドワークとともに、日本の象徴としての富士山の姿について研究している。

編著書に『信州秋山郷　木鉢の民俗』（川辺書林）、『富士山　信仰と表象の文化史』（慶應義塾大学出版会、H・バイロン・エアハート著「*Mount Fuji : Icon of Japan*」の全訳書）など。

書　名	**ステレオ写真で眺める明治日本** **－まちとむらの暮らし，富士山への憧れ－**
コード	ISBN978-4-7722-4232-5　C1021
発行日	2023 年 7 月 26 日　初版第 1 刷発行
著　者	**井 上　卓 哉**
	Copyright ©2023 INOUE Takuya
発行者	株式会社古今書院　橋本寿資
印刷所	三美印刷株式会社
発行所	**株式会社 古 今 書 院**
	〒 113-0021　東京都文京区本駒込 5-16-3
電　話	03-5834-2874
F A X	03-5834-2875
U R L	https://www.kokon.co.jp/
	検印省略・Printed in Japan